国鉄優等列車列伝 第5巻

「白鳥」「日本海」「きたぐに」

関西～青森間を駆け抜けた優等列車の記録

山田 亮 著

DD51に牽引された下り急行「日本海」。「43-10」改正の1週間前に撮影。急行「日本海」は1965（昭和40）年頃から新潟以北がDF50に代わりDD51牽引となった。DD51の次に郵便車オユ10、1等車スロ62が2両連結されている。この区間は電化時に新線に切り替えられた。◎羽越本線　五十川～小波渡　1968（昭和43）年9月22日　撮影：林 嶢

.....Contents

矢立峠の勾配緩和の迂回線を行くトワイライト塗装のEF81に牽引された下り「日本海3号」。24系24型（クリーム帯）が主体でオロネ24も入っているが、ステンレス帯の24系25型（オハネ25）も編成中に見られる。
◎奥羽本線　白沢〜陣場　1993（平成5）年12月　撮影：隅田 衷

現代の北前船ルート、日本海縦貫線

　大阪〜青森間は日本海縦貫線と総称される。かつては裏縦貫線と呼ばれていたが、「表日本」に対する「裏日本」はイメージが暗く、また差別的な響きがあることから「日本海時代」が叫ばれた1970年代から「日本海側」と呼ばれるようになり、裏縦貫線も1972年の全線電化前後から日本海縦貫線と呼ばれるようになった。

　古く大和政権（大和を中心とする政治的な連合）の時代、福井以北の日本海側は「越国」（こしのくに）と呼ばれた。5〜6世紀、大和政権の勢力は新潟（越後）まで広がり、福井から新潟までの日本海側が「越国」とされたが「みやこ」の人々にとって「越」（こし）は辺境の地の代名詞ですらあった。「越」（こし）は当時の日本の中心である畿内近畿地方から山を越えなければならないところからその名が付いたといわれる。越後から北も念珠関（鼠ヶ関）が大和勢力と蝦夷（えみし）の境界とされた。このようにはるか昔から日本海沿岸各地は近畿の文化圏と結ばれて、決して遅れた地域ではなかった。

　近世（江戸時代以降）においては関西から瀬戸内海を回り北陸、越後、庄内、秋田を経て北海道南部へ日本海沿岸を北上する西回りの海路が主流になった。いわゆる北前船ルートで、米などを輸送する重要な物資輸送路だったが常に遭難の危険があった。陸路で行く場合は難所だらけでその代表は親不知、子不知の天険であろう。このように日本海側ルートは陸路、海路ともに困難な道であった。

　鉄道も同様で、大阪から富山まで鉄道の開通は1899（明治32）年だが大地溝帯を突破して新潟までつながったのは1913（大正2）年4月1日、難所の突破がいかに困難だったかを物語る。羽越本線が全通し、大阪から青森へ日本海縦貫線が全線開通したのはようやく1924（大正13）年7月で、東北本線青森までの鉄道開通（1891年）に遅れること30余年、しかも急勾配や冬季の雪害など線路条件、自然条件も悪く、太平洋側の東海道・東北（常磐）経由との差は歴然であった。

　戦後になり電化および線路改良が進み、1969（昭和44）年10月には新潟までの電化および複線化（一部を除く）が完成した。新潟以北も1972（昭和47）年10月に電化が完成したが、複線化は一部にとどまり現在に至っている。それから40数年後の2015（平成27）年3月、北陸新幹線が金沢まで開通し、同時に金沢〜直江津間は「平行在来線」として第三セクター化され旅客輸送は分断され地域輸送に特化し、日本海縦貫線直通列車は貨物列車だけとなった。EF81に代わりコンテナ列車の先頭に立つJR貨物EF510を羽越線内や秋田、青森で見る時、その所属機関区表示「富山」にかつての特急「白鳥」「日本海」の面影を見る。本書は厳しい自然条件にかかわらず走り続けた「白鳥」「日本海」「きたぐに」および「しらゆき」を取り上げた。その時代の雰囲気を感じていただければ幸いである。

2022年6月　山田　亮

（乗車記）特急「日本海」A寝台オロネ24の旅

2009（平成21）年2月に撮影

2008年3月改正で「日本海」は1往復だけになり連結されたオロネ24は最後の開放型A寝台となった。かつての「1等B寝台」10系オロネ10、20系ナロネ21の伝統を引き継ぐオロネ24に是非とも乗ってみたいとの気持ちが強くなった。しかもオロネ24は残りたった3両。このような少数車種は真っ先に整理の対象になる可能性が高い。「ある日突然」（1970年代のフォークデュオ「トワエモア」の名曲でもあるが）時刻表に「日本海のA寝台は〇月〇日まで連結」と出てしまったらその日から発売と同時に「瞬殺」となり、お別れ乗車は困難だろう。乗るなら今だ、というわけで後述の「大人の休日倶楽部会員パス」発売にあわせて乗ることにした。

大阪駅10番線で発車を待つ「日本海」。牽引のEF81が青森まで1023.4kmをロングランする。大阪駅は改築工事中で後方ではノースゲートビルが建設中。11番線は工事のため使用停止中で、北陸線列車も10番線（一部は9番線）から発車した。

2009（平成21）年2月下旬、大阪駅は工事中で雑然としている。北陸方面特急が発車する11番線は工事中のため10番線から「日本海」は発車する。17時41分頃、EF81 108（福井地域鉄道部敦賀運転派出）牽引で入線。発車までわずか6分であわただしい。前方（青森方）に連結された12号車オロネ24 5、8番下段（進行左側）に乗り込むが、すでに寝台はセットされている。「この列車は特急券と寝台券が必要です。車内販売は大阪から敦賀までです」との放送が入る。荷物を置いて先頭機関車に向かうと「撮り鉄」が何人もいて、彼らに混じって機関車を撮影。レールファンにとって牽引機を確認することは重要な「儀式」である。本来なら編成全体を前から後ろまで眺め、車両番号を記録するとこ

ろだがその暇はない。

大阪駅10番線停車中の「日本海」オロネ24。ホームには「撮り鉄」の姿はあるが、かつては長距離列車の発車時に必ず見られた哀歓を込めた「見送り」風景はもはや見られない。背後ではヨドバシカメラ梅田店が大阪鉄道管理局跡地に建設中。

17時47分、定刻発車。下段側窓のカーテンを開くと夕暮れの梅田界隈が後ろへ去ってゆく。このA寝台車に大阪から乗り込んだ乗客は4～5人というところか。さっそく、大阪駅で買った「こだわりおむすび弁当」とビール、ちくわを下段寝台で広げ、自分だけのささやかな宴を始める。食堂車が連結されていれば発車と同時に行って、ビーフステーキかビーフシチューをつまみながらビールを飲み「ささやかなぜいたく」を楽しむのだが。窓外はすっかり日も暮れ京阪間の景色が続く。巨大な駅ビルになった京都は「日本海」を待つ人はちらほらといったところか。京都をでて湖西線に入ったあたりから車内を歩き車両番号を控える。B寝台は下段にも空いた寝台が目立ち、上段はほぼ無人で乗車率30％といったことろか。これでは1往復になったのも仕方がないかと妙に納得する。これから先、福井、金沢、富山でどれだけ乗って来るだろうか。

A寝台に戻り、車端の喫煙室で30代くらいの男性と話しをする。やはり最後の「日本海」A寝台に乗りに来たとのことで、「倉敷－鹿島田（南武線）」の青森経由の乗車券を見せてくれた。購入駅は湯本（常磐線）であちこち乗り歩いているとのこと。去年は「銀河」のA寝台に乗ったとのことで、「乗り鉄」らしい。しばし「ブルトレ談義」をする。

さて、ここで筆者の切符を説明すると、JR東日本が「大人の休日倶楽部」会員（50歳以上が入会条

A寝台オロネ24の喫煙室。A寝台の昼間使用時と同じ向き合わせ座席で談話室を兼ねていた。奥に更衣室が見える。

カニ24　102　客車は青森車両センター（盛アオ）

12　オロネ24　5　7～10号車は連結されず

11　オハネフ25　121

6　オハネ25　147

5　オハネ25　218

4　オハネフ24　22

3　オハネ25　213

2　オハネ25　38

1　オハネフ25　117　　　　　↓大阪

A寝台車オロネ24の車内。通路の両側には進行方向に平行した2段寝台が並び、高級感が漂っている。

件）に販売する「大人の休日倶楽部会員パス」である。3日間有効12,000円でJR東日本管内全線とJR北海道中小国－函館間、JR西日本北陸エリアの直江津－福井間および支線（七尾、氷見、城端線、高山本線猪谷－富山間、大糸線南小谷－糸魚川間）に乗ることができる。東北・上越新幹線、特急、急行列車の指定席、自由席も追加料金なしで利用できるが、寝台列車は特急券または急行券と寝台券を別途購入する必要がある。（発売額、有効期間、利用可能区間は2009年2月発売時のもので現在とは異なる）その「パス」を利用して長年の夢であった開放型A寝台乗車が実現した。このパスは福井から有効なので、大阪－福井間は別に乗車券を購入した。購入した京橋駅には「本日、トワイライトエクスプレスは津軽海峡線内の送電故障のため上下とも運休」の掲示があった。

　さて、どうやって大阪へ行くかだが、「会員パス」を有効に使い北陸まわりで大阪へ行くことにした。この日は東京発7時08分200系「とき305号」に乗車するが土曜のためスキー客で満員、越後湯沢発9時13分681系「はくたか4号」で金沢着12時。金沢駅構内「金沢百店街」の金沢おでんの名店「黒百合」で昼食。金沢発12時49分683系「しらさぎ60号」で敦賀14時10分着、すぐに14時23分発新快速で京都着15時58分。（福井－京都間は別途購入）さらに東福寺へ向かい、丹波橋から8000系京阪特急で京橋へ向かい大阪へ。筆者は訪阪の際は必ず京阪か阪急に乗ることにしている。

　当日（2009年2月21日）の「日本海」編成は次の通りである。

ＥＦ81 108（敦賀運転派出）↑青森

　湖西線も北部まで来ると窓外には琵琶湖が広がっているはずだが、灯りはなく漆黒の闇である。トンネルが断続し北陸本線と合流する近江塩津で運転停車。時計は19時25分を指している。ここで485系「雷鳥41号」を待避。

　あとは下段寝台に横になる。初のA寝台で精神的に興奮しているせいかなかなか寝付けない。時折カーテンを開け雪景色を見るが、それほど積もっているわけではない。スピードは80～90km/hくらいで電車特急のように100km/h以上で「突進」するような走りではない。線路を刻むリズムも心地よく響き「汽車旅」を感じさせる客車らしい落ち着いた走りだ。今日の昼、北陸線の景色を見たが雪は多くなく、黒に地肌がところどころ露出し黒白のまだら模様だった。A寝台は下段はほぼ埋まっていたが上段はあいている。寝るなら下段に限る。福井、金沢、富山も気になって駅の前後を見ていたが、太平洋側に比べ家並みが落ち着いていて灯（ともしび）も少ない。日本海側の静けさだろう。金沢（21時32分発）での乗車を期待しホームを眺めていたが、後ろのB寝台に何人かが乗ったようだ。A寝台には途中から乗ってこなかった。富山付近まで

横になって「ひとり」の時間を楽しむ。これが寝台特急の旅の効用だろうか。いつの間にか寝てしまったようで糸魚川（23時20分発）も直江津（23時51分発）も新津（1時28分発）も気付かなかった。

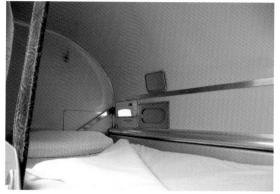

「日本海」A寝台オロネ24の上段寝台。寝台灯の横に窓外を見られる小窓（のぞき窓）がある。横になったままで停車駅や列車の位置を確かめられた。

「日本海」A寝台オロネ24の下段寝台。寝台灯と鏡があり、カーテンをあければ車窓を「独占」できる。大きめのテーブルに持参の本や旅行グッズを置けばちょっとした「小部屋」の雰囲気だ。かつての1等B寝台である10系オロネ10、20系ナロネ21とまったく同じで「動くホテル」を満喫できる。

3時頃目が覚め、カーテンを開けると日本海沿いで平行の国道が道路灯（イエローランプ）に照らされている。すでに名勝笹川流れは過ぎたが奇岩が続き、列車は80km前後で坦々と走り、時折EF81の鋭い汽笛が響く。国道には道行くクルマもなく、あつみ温泉を通過。また寝てしまったようで気付くと6時15分、秋田（5時40分発）は知らぬ間に通り過ぎたから熟睡したのだろう。窓外はすでに夜が明け一面の銀世界で雪も北陸より多いようだ。6時30分の少し前、ハイケンスのセレナーデのチャイムが鳴って「おはようございます、次は東能代です」との案内放送が入る。北国の冬の車窓風景は白一色モノトーンの世界で変化に乏しい。喫煙室の座席へ行き、昨夜車内販売で買った敦賀の幕の内

弁当を広げる。鯖の塩焼きが旨かった。朝は車内販売が乗ってこない。喫煙室は下段寝台の昼間座席と同じ向い合せ座席（4人）でゆったりした気分である。大館を過ぎ白沢－陣場間の迂回線へ入りトンネルを抜けた進行右側の高台が「撮り鉄」に有名な「お立ち台」なのだが、今日は日曜なのに誰もいなかった。この天気では写欲も湧かないのだろう。A寝台であっても寝台の解体作業はなく、昇降スイッチを押して上段寝台を上げる作業は見られない。これは上り（大阪着10時27分）でも同じだという。かつての寝台特急には車掌のほか乗客掛も乗り「人的サービス」が特徴だったがそれは過去の話である。東能代－青森間はB寝台に限り立席特急券で乗車できる。車内を歩くと確かにそれらしい乗客もちらほら。

B寝台車オハネ25の下段寝台。寝台幅は70cmでA寝台の幅1mとの差は30cm。かつての10系、20系の三段式B寝台の寝台幅52cmより広がり、上下の空間も広がって頭がつかえることもなくなった。「カイコ棚のようだ」といわれた狭い三段式寝台の悪評を一掃し「熟睡」できるようになった。

矢立峠のトンネルを抜けると進行右側の山すそに東北自動車道が平行している。大鰐温泉にはもと東急7000系ステンレスカーと雪掻車（キ100型）が電気機関車に連結されて止まっていた。弘前（7時52分発）を発車するあたりから自分の寝台に戻り、最後の寝心地を楽しむ。津軽平野も白一色で粉雪がちらついている。名峰岩木山もうっすらと浮かんでいるだけだ。雪晴れの岩木山と朝日に照らされた寝台特急の組み合わせはさぞかし素晴らしい絵になるだろうが、そのような写真は地元の人でないと撮れないだろう。青森駅1番線に定刻8時34分に数分遅れて到着。大阪から1,023.4kmを牽引してきたＥＦ81 108はただちに切り離された。青森の雪はさらに深く、構内は雪原のようである。ローズピンク塗装のＥＦ81はトワイライト塗装や

青森駅1番線に到着した下り「日本海」。雪原のような青森のホームは青函連絡船時代の面影を残す長いホームである。

青森駅に到着した「日本海」はただちに反対側にDE10が連結され青森車両センターへ回送される。写真後方に見える橋は青森ベイブリッジで駅構内を横断し、駅の東西を結んでいる。

北斗星牽引「星ガマ」塗装と異なり、本来の機関車らしくて好ましい。

　ここでA寝台の感想を述べよう。かつて20系客車の寝台特急（ブルートレイン）が登場したころ「動くホテル」といわれたが、寝台幅1mのA寝台（1等寝台）に乗り夕食、朝食を食堂車で食べてこそ「動くホテル」の名にふさわしい。下段寝台は空間が広く頭が「つかえる」こともない。窓を「独占」できるのも嬉しい。折り畳み式テーブルも大きく本や小物を置ける。583系電車の下段寝台は「寝てしまえばA寝台と同じ」と思っていたが空間の広

さが違う。これこそA寝台、かつての1等寝台なのだ。文中でも述べたように22時20分発の富山付近で寝てしまい、6時半ごろに目が覚めたが寝心地もGOODでまさに「熟睡」だった。二段式B寝台との比較だが幅70cmと1mの違いは大きい。もっと早くから経験すべきだった。

青森に到着した「日本海」のA寝台車オロネ24。ドアや連結面にこびりついた雪が北国の道のりの厳しさを物語る。

　大阪と青森を結ぶ寝台特急「日本海」、東京を通らないことからあまり目立たず地味な存在だったが、その功績は東京－九州間寝台特急に勝るとも劣るものではなく、いつまでも人々の記憶に残るであろう。

第1章
日本海縦貫線の建設と列車の歴史

夕暮れの日本海沿いに走るC57 189（直江津機関区）牽引の上り急行「日本海」。当時の「日本海」は富山以北が昼行列車で日本海側の諸都市を結ぶ連絡列車でもあったが、年中混雑しほとんど単線でスピードも遅く乗客の評判は悪かった。
◎信越本線　青海川　1960（昭和35）年6月　撮影：伊藤威信

01 日本海縦貫線建設の歴史

01-1 北陸への鉄道開通

日本海縦貫線は大阪～青森間であるが、まず関西～北陸間の鉄道開通から触れなければならない。北陸への鉄道は敦賀～長浜間の建設から始まった。江戸時代以来の北回り航路、いわゆる北前船による輸送は明治に入り西洋型帆船、蒸気船が徐々に導入され、従来の和船も運航され鉄道網が整備されるまでは主要な交通機関だった。北前船の日本海沿岸から関門海峡、瀬戸内海を経由し大阪に結ぶルートを敦賀から鉄道に結ぶことで北海道や日本海沿岸の物資の京都、大阪への輸送時間を大幅に短縮することが目的だった。最初は金ヶ崎(後の敦賀港)～長浜間が1880(明治13)年4月に官鉄として着工された。1884(明治17)年4月16日、柳ヶ瀬トンネル(1,352m)の完成で長浜～金ヶ崎(後の敦賀港)が結ばれ長浜～大津(後の浜大津)間は琵琶湖の汽船(太湖汽船)で連絡し、大津から京都、大阪へ鉄道で輸送するものであった。柳ヶ瀬トンネルは難工事で完成まで4年を要し、25‰の片勾配トンネルで断面も狭く、乗務員の窒息事故も起こる難所であった。長浜～大津(後の浜大津)間は1889(明治22)年7月1日に東海道線の最終工事区間として完成し、敦賀から大阪まで鉄道で結ばれた。

この時点では日本海縦貫線の構想はなかったとされ、1892(明治25)年の鉄道敷設法では日本海沿岸の路線として京都～舞鶴～鳥取～松江～浜田～山口付近、敦賀～金沢～富山～直江津～新潟および新発田間が掲げられ、さらに東北北部では青森～秋田～山形～福島間が掲げられ、新発田～秋田間が欠けている。新発田が加わっているのはここに旧陸軍の歩兵連隊があったからである。1906(明治39)年の鉄道敷設法の一部改正では羽越線として新発田～村上～酒田～本荘～秋田間が加わり、これで日本海縦貫線全体が鉄道敷設法の予定線となったが、後述するように全通までさらに18年を要した。

敦賀以北は木ノ芽峠の難所を25‰の急勾配とスイッチバックの連続で突破し、敦賀～福井間が

1896(明治29)年7月に、1898(明治31)4月に金沢まで、1899(明治32)年3月に富山(当時は神通川西側の仮駅)まで開通した。この時点では直江津回りの線が開通しておらず、北陸から東京へは米原経由の大回りルートだった。金沢まで開通した1898(明治31)年時点では米原～金沢間直通列車は下り(米原発)4本、上り(金沢発)3本で、そのうち上下各2本は大阪、神戸との直通で関西と北陸の結びつきの強さが表れている。東京方面へは米原で東海道線列車との乗り継ぎであった。東京～北陸間の直通列車は1908(明治41)5月1日、新橋～富山間に登場したが東京から金沢、富山まで一昼夜の長旅であった。

(下り)537列車、新橋8:30～米原1:00～金沢8:07～富山9:53

(上り)538列車、富山17:40～金沢19:50～米原2:30～新橋17:34

この列車は同年11月16日、富山～魚津間開通に伴い新橋～魚津間になっている。

わが国初の特別急行列車が登場1912(明治45)年6月15日改正時からこの列車は新橋～名古屋間が急行となり、この時点では泊まで延長されている。(泊への開通は1910年4月)

(下り)537列車、新橋12:55～金沢8:11～泊11:54

(上り)538列車、泊17:30～金沢21:15～新橋16:45

01-2 新潟への鉄道開通

新潟県最初の鉄道は東京〜京都間を結ぶ「中山道鉄道」建設の資材輸送のため、直江津から長野方面に建設された官鉄信越線である。1886（明治19）年8月、直江津〜関山間の開通を皮切りに1888（明治21）年12月には軽井沢に達した。すでに高崎〜横川間は1885（明治18）年10月に開通しており、碓氷峠の横川〜軽井沢間はアプト式鉄道として1893（明治26）年4月に開通し、高崎〜直江津間が全通し、上野〜直江津間に直通列車が運転開始された。

一方、直江津から長岡、新潟（当時は沼垂）方面へは私鉄の北越鉄道（1895年設立）により建設され、直江津（当時は春日新田仮駅）〜柏崎間が1897（明治30）年8月に開通し、沼垂方からも工事が進められ1897（明治30）年11月に沼垂〜一ノ木戸（東三条）間が開通。1898（明治31）年12月に直江津（当時は春日新田）〜沼垂間が全通した。1899（明治32）年5月には官鉄直江津駅が移転し、同年9月には北越鉄道も直江津駅に乗入れ、直江津から沼垂まで直通した。東京（上野）と新潟（沼垂）は鉄道で結ばれたことになるが、当時は上野〜沼垂間に直通列車はなく、直江津で乗り換えであった。またアプト式で越える碓氷峠はトンネルが連続する難所で乗客は煙に苦しめられていた。

新潟のターミナル沼垂は市街地から離れ不便であり、地元からの強い要望で1904（明治37）年5月に市街地を大きく迂回し（旧）新潟まで延長された。旧新潟駅は現新潟駅の北西300mの場所である。

日本鉄道（上野〜高崎間）、官鉄、北越鉄道を直通する上野〜沼垂間直通列車は1905（明治38）年8月から運転されたが、夜行ではなく約16時間かかる昼行列車であった。

（下り）201列車、上野6:00 〜高崎9:00 〜長野14:10 〜直江津16:54 〜新潟21:40

（上り）202列車、新潟6:00 〜直江津11:10 〜長野14:07 〜高崎19:20 〜上野21:50

1906（明治39）年3月に鉄道国有法が公布され、主要私鉄の国有化がされることになった。日本鉄道は同年11月に、北越鉄道は翌1907（明治40）年8月に国有化された。北越鉄道国有化直前の同年5月から上野〜新潟間に夜行列車（長野経由）が登場している。

（下り）103列車、上野22:00 〜直江津8:57/9:25 〜新潟15:10

（上り）104列車、新潟12:00 〜直江津17:20/17:32 〜上野5:05

1909（明治42）年10月には鉄道院告示で「国有鉄道線路名称」が制定され、大区分「北陸」には小区分として北陸本線及び支線、大区分「奥羽」は奥羽本線及び支線となった。大区分「信越」は小区分が単に高崎〜新潟間だけであったが1914（大正3）年6月から信越本線および支線となった。

01-3 難所親不知を突破して関西と新潟が直結

富山〜直江津間は難所親不知を通過するため開通が遅れた。泊まで1910（明治43）年4月に開通し、東側の直江津から名立までは翌1911（明治44）年7月に開通した。西からの線路が泊から親不知を抜けて青海まで開通したのが1912（大正元）年10月、東からは2ヶ月後の同年12月に糸魚川まで開通し、最後の青海〜糸魚川間の開通が1912（大正2）年4月1日であった。特に市振〜親不知〜青海間は大地溝帯（フォサマグナ）を通り飛騨山脈の北端が絶壁となって海岸に接している難所で「親不知、子不知の険」と呼ばれ、崖下は日本海の荒波が迫り、トンネル、落石覆、護岸壁が連続する災害多発区間であった。1922（大正11）年2月3日、親不知〜青海間で列車を雪崩が直撃し多くの犠牲者をだした。この列車には雪害で不通になった北陸線の除雪作業に駆り出された地元の人々が多数乗車していた。それから100年経った2022年2月3日に「親不知大雪崩遭難災害百年献花式」が糸魚川市の主催で行われている。（2022年2月3日、えちごトキめき鉄道社長鳥塚亮氏のブログから）

糸魚川〜直江津間はおおむね海岸に沿っているが、日本海に迫る山と海岸の間を半径300mのカー

ブでくねくねと蛇行し、地すべりの多発地帯だった。この区間の開通で北陸本線米原〜直江津間が全通し、東京〜北陸間はそれまでの米原経由が長野、直江津経由になり、関西〜新潟間も北陸本線経由となって大幅に時間が短縮された。北陸本線全通で関西と新潟を結ぶ姫路〜新潟間の夜行列車が登場した。1916（大正5）年6月改正時のこの列車の時刻は次の通りで、普通列車であるが1等寝台車を連結した。

（下り）536列車、姫路9:40〜大阪12:39/12:45〜富山1:47/1:54〜新潟10:46

（上り）535列車、新潟9:35〜富山18:39/18:45〜大阪7:47/7:52〜姫路10:46

そのほか、上野〜直江津〜金沢間の昼行列車、上野〜直江津〜神戸間の夜行列車（夜行区間は上野〜直江津間）が登場している。

01-4 日本海縦貫線の全通

次に北部について述べる。東北本線は日本鉄道として1891（明治24）年9月に東京（上野）から青森まで全通した。すでに述べたように1892（明治25年）に公布された鉄道敷設法では「福島近傍より米沢、山形、秋田、弘前を経て青森に至る鉄道及び本線より分岐して酒田に至る鉄道」が掲げられている。奥羽線は官設鉄道（官鉄）で青森〜湯沢間を奥羽北線、福島〜湯沢間を奥羽南線とし、最初の着工は1893（明治26）年7月の青森〜碇ヶ関間で、翌1894（明治27）年12月に青森〜弘前間が開通している。北線は矢立峠を急勾配で越えて1899（明治32）年11月に大館まで開通し、小刻みな延長を経て1902（明治35）年10月に秋田まで開通した。この時点では秋田から東京へは青森経由の大回りルートだったことになる。以後は内陸部の雄物川流域に入り1905（明治38）年6月に横手まで、同年9月14日に湯沢まで開通し、奥羽南線と接続し福島〜青森間が全通した。

南線は板谷峠を33‰急勾配とスイッチバックの連続で突破して福島〜米沢間が1899年（明治32）5月に開通し、1901（明治34）年4月に山形まで、1903（明治36）年6月に新庄まで開通し、最後の院内〜湯沢間の開通は1905（明治38）年7月で、2ヶ月後の9月14日に奥羽北線と接続した。

最後は羽越線である。信越本線の新津から分岐し新発田まで1912（大正元）年9月に開通し新津〜京ヶ瀬間（当時は京ヶ瀬駅は開業していないので新津〜水原間）には当時日本最長の阿賀野川鉄橋（1,229m）が完成した。村上まで1914（大正3）年11月に開通したが、村上以北の建設はしばらく止まっていた。

山形県庄内地方への最初の鉄道は新津から北上する羽越線ではなく奥羽本線新庄から分岐する酒田線である。1892年の鉄道敷設法に掲げられた「本線から分岐して酒田に至る鉄道」は現在の陸羽西線であるが、酒田線として建設された。この線は東北縦貫鉄道の一環であり、小牛田〜新庄間とともに1911年に着工された。酒田線は最上川沿いに建設され1914（大正3）年9月に余目まで、同年12月に酒田まで開通し、翌1915年4月には最上川（現、酒田港）への貨物支線が開通している。酒田港と東北内陸部を結ぶ貨物輸送が重視されていたことの表れである。余目から分岐して鶴岡までは1918（大正7）年9月に鶴岡仮駅（赤川の東側）まで開通し、翌1919年7月に赤川橋梁が完成して現在の鶴岡まで開通した。それ以後、酒田以北は陸羽西線として酒田から、秋田以南は羽越北線として秋田から小刻みに開通し、1924（大正13）年4月20日、わが国初のシールド工法として知られる折渡トンネルの開通で羽後岩谷〜羽後亀田間が開通した。この時、すでに開通していた区間とあわせ羽越線と改称され、陸羽西線は新庄〜余目間となった。鶴岡以南は陸羽西線支線として鶴岡から南に向かって小刻みに開通し同年7月31日、最後の村上〜鼠ヶ関間が開通して羽越線が全通し、日本海縦貫線米原〜青森間が全通した。これにより大阪〜青森間は東海道・東北本線経由と比べ249.5kmも短縮され日本列島を南北に縦貫するもう一つの幹線が完成し、わが国交通史上に新時代を画することになった。とはいえ、ほとんどが単線で勾配区間も多く冬季は雪害もあり線路条件は悪かった。なお、1925（大正14）年11月20日、国有鉄道線路名称が改正され大区分「羽越」に小区分として羽越本線及び支線となり、羽越線が羽越本線と改称された。

02 大阪～青森間 急行列車の登場

02-1 神戸～青森間直通急行列車の登場

　羽越線の全通に伴い神戸～青森間に直通列車が登場した。この列車はいわゆる二晩夜行で2等寝台車を連結し、神戸～富山間が急行であった。神戸を始発終着駅としているのは、当時西日本を統括する鉄道局は神戸鉄道局だったからである。1928年に鉄道局は大阪に移転し大阪鉄道局になった。1924（大正13）年7月31日改正時の時刻は次の通り。
（下り）503列車、神戸21:50～大阪22:35/22:45～富山8:00/8:07～直江津11:28/11:38～新津15:30/15:44～秋田0:16/0:25～青森5:30
（上り）504列車、青森22:50～秋田4:01/4:10～新津12:57/13:08～直江津16:55/17:07～富山20:46/20:55～大阪6:12/6:20～神戸7:10

　この時点では白新線（新潟～新発田間）は開通しておらず、新津～新潟間は接続列車に乗り継ぎ新潟着16:15、新潟発12:05である。

　1926（大正15）年8月15日改正時から関西～青森間は急行、普通が各1往復となり、神戸発着の急行505、506列車が登場した。この列車は北陸線内夜行、富山以北昼行、青森着深夜、青森発早朝で青函連絡船夜行便に接続し、戦後の急行「日本海」とほぼ同じ時間帯になっている。同時に従来の503、504列車は全区間普通列車になり、二晩夜行のままであった。
（下り）
急行505列車　神戸21:35～直江津10:27～新津13:17～青森23:30
503列車　　　大阪22:46～直江津13:33～新津17:50～青森5:55
（上り）
504列車　　　青森23:10～新津11:51～直江津15:32～大阪5:53
急行506列車　青森5:30～新津15:52～直江津18:30～神戸7:28

　1929（昭和4）年9月15日改正時から急行は列車番号が501、502となり、大阪発着となって時間帯も変更され金沢～新津間が夜行区間となった。普通503、504列車の時刻はおおむね変化がない。

　1930（昭和5）年10月1日改正は昭和初期の画期的ダイヤ改正だが、大阪～青森間列車は急行、普通各1往復のままで、時刻も前年（1929年）9月改正時と変化がない。急行が大阪発着となったのは鉄道局が大阪に移転したからである。この1930年10月改正時の時刻について、姫路（上りは明石）～新潟間の夜行普通列車も併せて掲載する。急行501、502列車は金沢～新津間が夜行区間で所要時間は24時間30分（下り）であるが、秋田～青森間で上野～秋田間（奥羽本線経由）の戦後の「津軽」に相当する急行401、402列車（上野21:55～秋田11:49、秋田17:20～上野7:55）の客車の一部を連結した。
（下り）
急行501列車（和食堂車、2等寝台車連結）
大阪15:50～富山0:11/0:17～直江津3:13/3:30～新津6:18/6:24～秋田11:55/12:05～青森16:20（秋田～青森間で上野～秋田間急行401列車の一部客車を併結）
505列車、姫路16:50～大阪19:34/19:40～富山7:25/7:32～直江津10:49/10:55～新潟15:19
503列車（2等寝台車連結）
大阪22:50～富山9:56/10:04～直江津13:24/13:31～新津17:23/17:30～秋田0:54/1:00～青森5:55
（上り）
504列車（2等寝台車連結）
青森23:10～秋田4:07/4:13～新津11:47/11:54～直江津15:31/15:38～富山19:00/19:06～大阪6:05
506列車、新潟13:40～直江津18:00/18:06～富山21:35/21:44～大阪8:30/8:34～明石10:05
急行502列車（和食堂車、2等寝台車連結）
（青森～秋田間で秋田～上野間急行402列車の一部客車を併結）青森13:00～秋田17:05/17:14～新津22:51/22:57～直江津1:45/1:53～富山4:49/4:55～大阪13:14

お召列車指定機のC51 263
(浜松機関庫)を先頭にC51が
重連で牽引する北陸本線高速
試運転列車。当時の国鉄(名
古屋鉄道局)が北陸本線旅客
列車の速度向上のため試運転
を行い、米原〜敦賀間約49km
を49分(60km/h)で走破し
た。だが急勾配の柳ヶ瀬越え、
杉津越え(木ノ芽峠)での高速
運転は困難で米原〜福井間で
旅客列車のC51牽引は見送ら
れ、戦後の深坂トンネル、北陸
トンネルの開通まで旅客列車
もD50、D51が牽引した。
◎北陸本線　敦賀
1930(昭和5)年12月12日
撮影：朝日新聞社

15

02-2 戦前最盛期の日本海縦貫線

　1931（昭和6）年9月1日、上越線水上〜越後湯沢間が開通し上越線が全通した。急勾配で清水トンネルのある水上―石打間が当初から電化されていたことも特筆される。上野〜新潟間は98.2km短縮され、それまでの信越本線長野経由最短11時間（夜行）が最短7時間（昼行）となり画期的な時間短縮となった。この改正で登場した上野〜新潟間急行701、702列車および夜行普通703、704列車は新津で分割併合する羽越本線経由秋田発着の編成を連結した。時刻は次の通りである。

（下り）
急行701列車（秋田編成に和食堂車連結）上野9:00〜新津15:50〜新潟16:10（711列車、秋田着20:55）
703列車（秋田編成に2等寝台車連結）　上野22:05〜新津7:10〜新潟7:37（713列車、秋田着13:49）
（上り）
704列車（秋田編成に2等寝台車連結）（714列車、秋田発14:45）新潟21:35〜新津22:16〜上野6:50
急行702列車（秋田編成に和食堂車連結）（712列車、秋田発8:35）新潟13:15〜新津13:43〜上野20:30

　それまで山形県庄内地方（鶴岡、酒田）から上野へは直通列車がなく新津または新庄乗り換えであったが、上越線開通時に羽越線経由の直通列車が出現し、秋田〜上野間も日着が可能になり大幅な輸送改善となった。

　丹那トンネル開通に伴う1934（昭和9）年12月1日ダイヤ改正は特急「つばめ」が東京〜大阪間8時間運転となり戦前の鉄道黄金時代到来を告げたといわれる。1934年12月改正時における大阪〜青森間直通列車の時刻は次の通りである。大阪〜新潟間列車もあわせて掲載する。
（下り）
急行501列車（和食堂車、2等および3等寝台車連結）
大阪10:00〜富山17:20/17:25〜直江津19:42/19:49〜新津22:09/22:15〜秋田3:28/3:35〜青森7:25
503列車（2等寝台車連結）
大阪20:20〜富山5:56/6:02〜直江津8:56/9:02〜新津12:18/12:24〜秋田18:55/19:02〜青森23:36
505列車、大阪22:10〜富山7:43/7:48〜直江津10:43/10:50〜新潟15:06

（上り）
506列車、新潟13:55〜直江津18:02/18:11〜富山21:21/21:28〜大阪7:31
504列車（2等寝台車連結）
青森5:30〜秋田9:53/10:00〜新津16:35/16:44〜直江津19:59/20:05〜富山23:01/23:06〜大阪8:30
急行502列車（和食堂車、2等寝台車連結）
青森22:25〜秋田2:19/2:25〜新津7:29/7:35〜直江津9:51/9:58〜富山12:17/12:22〜大阪19:30

　急行501、502列車はスピードアップされ大阪〜青森間1055.6km（当時）を下り21時間25分（表定49.1km/h）、上り21時間05分（50.0km/h）となった。北陸線内昼行で新津〜青森間が夜行区間であるが、戦後の急行「日本海」より速く、時間帯も異なっている。新潟へは接続列車乗り換えで新潟着22:45、新潟発7:04で大阪〜新潟間も有効時間帯に収めている。普通503、504列車も改正前の二晩夜行が、青森着深夜、青森発早朝になり一夜行となった。

　この改正での上野〜秋田間直通列車の時刻は次の通りである。
（下り）
急行701列車（新潟編成に和食堂車連結）上野9:00〜新津15:50〜新潟16:10（711列車、秋田着21:06）
703列車（秋田編成に2等寝台車連結）　上野22:35〜新津7:04〜新潟13:42（713列車、新潟着7:35）
（上り）
704列車（秋田編成に2等寝台車連結）（714列車、新潟発21:30）秋田15:00〜新津22:11〜上野6:34
急行702列車（新潟編成に和食堂車連結）（712列車、秋田発8:20）新潟13:15〜新津13:43〜上野20:30

　上野〜秋田間701〜711、712〜702列車はこの改正から羽越本線内が準急行（料金不要）となり、今でいう快速運転となった。末端区間における乗車率低下が理由であろう。

戦前の青森行急行501列車、秋田行急行701列車の編成記録

　大阪〜青森間急行501、502列車の編成であるが、「西尾克三郎ライカ鉄道写真全集№Ⅲ」（プレスアイゼンバーン刊）に1936年4月に京都〜山科間で撮影されたC55型蒸気機関車が牽引する急行501列車の写真が掲載されている。編成は青森方からスハネ31〜オハ31〜オハ31〜オハ31〜スシ37〜オロハ31〜マロネロ37〜木造郵便荷物車〜木造荷物車〜木造荷物車の10両編成である。（鋼製客車の形式は1941年以降の形式）3等寝台車の連結が特筆されるが、3等座席車は17mのオハ31（当時の形式はオハ32000）でシートピッチは1300㎜、座席の背板は板張りで木造3等車と同じで「これが急行か」と言われそうな編成だった。当時、東海道、山陽本線では急行および東京〜沼津間の「湘南列車」がスハ32（当時の形式は二重屋根がスハ32600、丸屋根がスハ32800）が中心で、オハ31は沼津以遠への普通列車および名古屋、関西地区の区間列車に使用されていた。「東海道の鈍行が青森行の急行」だったことになるが、これは501、502列車の客車所属が青森（仙台鉄道局）だったからで東北地方は新車配属の優先順位が低く冷遇されていたのであろう。国鉄（当時は鉄道省）の東京優先、東海道優先主義は戦後も長く続いた。

　蒸気機関車形式写真の大家として知られる西尾克三郎（1914〜1984）は友人の米本義之とともに1937（昭和12）年7月12日（日中戦争勃発の契機になった盧溝橋事件の5日後）、大阪発20時20分の青森行普通503列車で出発している。「西尾克三郎ライカ鉄道写真全集Ⅶ」に503列車の車窓から撮影した日本海沿いの風景が掲載され、列車の編成が写っているが木造3等客車（ナハ22000系）と2等寝台、2等座席の合造車マロネロ37（当時の形式はマロネロ37600、戦後はマロネロ38と改称）が連結されている。7月13日、18時55分に秋田着。大阪から22時間35分の長旅だが、当時は鉄道以外に交通機関はなく、時間がかかっても、煙にいぶされても「汽車とはそういう乗りもの」でそれが当たり前だった。翌14日には秋田近郊土崎付近で列車の撮影を行っている。青森発大阪行504列車も撮影されているが、504列車は青森機関区のC54型蒸気機関車に牽引され、客車は9両編成で木造荷物車×2両、木造荷物郵便車、マロネロ37、ナハ22000×4両、ナハフ24000の順である。C54はC51の改良型として1931年に17両製造され、東北および山陰で使用されたが、戦後は山陰地区（福知山、米子）に集められた。2等車は寝台、座席ともに半車だがそれで十分だったのだろう。荷物、郵便輸送も当時の長距離列車の重要な使命で荷物車、郵便車が3両連結されている。

　次に上野〜新潟、秋田間の急行701列車の編成について触れたい。「上越線を行く列車」（プレスアイゼンバーン刊）に1934年11月に水上〜湯檜曽間で撮影された急行701列車の写真が掲載されているが、EF51〜オハ31〜オロハ30〜スハフ32〜スシ37〜オハ31〜スロハフ31〜スユニ30の順である。1934年12月改正以前なので前2両が新潟行、後半5両が秋田行である。EF51は1926年に米国ウエスティングハウス社で製造された輸入機関車で、戦後は南武線で貨物列車を牽いていたが勇壮なアメリカンスタイルでファンに人気があった。

（コラム）1932年8月、青森～大阪間直通列車乗車記

戦前の「乗り鉄」である古山善之助（1915～94）は旧制中学5年生（現在の高校2年生に相当）だった1932（昭和7年）夏、北海道および樺太旅行の帰途、青森から上り大阪行普通504列車に乗車した。その模様は「レイルNo.17」（1986年2月、プレスアイゼンバーン刊）に「蒸気全盛時代の国鉄の特急と急行列車」として収録されているが、古山のこの旅行の足跡をたどりたい。

古山は1932年8月10日、C51重連牽引の上野発22時30分の常磐線経由青森行急行201列車に乗車し翌11日、16時10分青森着、17時30分発青函連絡船で22時函館着。ただちに23時発急行401列車旭川・釧路行（滝川まで急行）の釧路編成3等寝台車に乗車。羊腸のごとく曲がりくねった線路のはるか彼方に十勝平野が遠望される狩勝峠を越える。この列車の釧路着は19時35分だが、釧路の手前庶路で下車し、庶路発19時33分の根室発小樽行普通404列車で折り返す。

この庶路に炭鉱が開発されたのは約5年後で当時は原野の趣だったが、駅で404列車の2等寝台券を発券してもらう。『窓口に下段が1枚あった』とあるが本当か。このような小駅に寝台券の割り当てがあったとは信じがたい。鉄道電話で釧路駅に連絡して割当を受けたのであろうか。404列車で連続夜行3晩目を迎えるが、木造2等寝台車で熟睡する。翌13日6時14分に岩見沢着。ここで降りたのは札幌まで行ったのでは小樽発稚内行普通301列車に間に合わないからである。

岩見沢発8時17分の稚内行301列車は木造客車の編成で旭川をでて人影少ない開拓地を北上する。このまま乗っていれば稚内港には21時08分に到着するが、『オホーツク海が見たくなり』音威子府で北見線（1961年4月天北線と改称、1989年4月末日限りで廃止）列車に乗り換え稚内へは20時52分着。ここで一泊と思いきやすぐに稚内発22時発の急行204列車函館行（室蘭本線経由）の2等座席車マロシ37型に乗る。この車両は食堂車と2等座席車の合造車であり、3軸ボギー台車で地方幹線用として北海道、九州、山陰地区で運行され、その車両に乗りたかったからである。2等座席は前向きの転換式クロスシートである。現在、それと同型のスシ28 301（元

スハシ38 102、製造時はマロシ37型）が京都鉄道博物館に保存されている。

急行204列車に乗り続け、8月14日16時30分に函館着。17時30分発の青函連絡船で22時青森着。上野出発以来どこにも泊まらず、列車に乗りづめの5日間だ。それを可能にしたのは17歳の若さと好奇心であろう。

青森からいよいよ23時10分発の大阪行普通504列車での旅が始まる。その旅の模様を「レイルNo.17」から引用する。『列車に乗りづめだったため、だいぶ疲労がでてきたので、この夜、青森から京都まで普通504列車に2昼夜乗り続けることは座席ではたまらない。幸い2等寝台車が連結されていたので、ボーイ（筆者注、列車給仕）に交渉してみるとラッキーにもこの夜のロネにはほとんど乗客がなく、ボーイはすぐに下段寝台を準備してくれた。車両は木造のナロネ20100型で半分座席使用の1両である。寝台は中間の仕切り近くの揺れの少ない場所にセットしてくれたので、嬉しくなって寝台下段料金4円50銭を払うとともに50銭のチップをはずんだのでおおいに感謝され、翌朝までに長旅で汚れた洋服や靴をきちんと清掃してくれた』『発車とともに寝台に潜り込み（中略）いつか白河夜舟、翌朝7時近く、寝台の使用時間いっぱいまで休んだので、頭は爽快、体の疲労もだいぶなくなった』『酒田駅で弁当を求める。さすが庄内米の本場だけあって、ご飯が美味い』504列車は未明に秋田を通り、酒田へは6時53分着で7時発車だ。当時は寝台使用時間が厳格に守られ、酒田付近でボーイにより寝台が解体され座席になった。このナロネ20100型は上段部分に窓外を眺められる小窓のある独特の形態で知られていたが、当時の2等寝台車は昼間は窓を背にして座るロングシート（ツーリスト型）で車窓の眺めはよくなかった。

この504列車および対となる503列車は1932年時点では木造客車主体だった思われ、牽引機はC51型であろう。昼間は『寝台が座席となるので「長手式」（筆者注、今でいうロングシート）だが、奥行きが深くクッションが柔らかいので大変乗り心地がよい。座席に上がって座り、「中間仕切」に寄りかかると楽に外が眺められる。日本海に沿って西下する羽越線は、右側は海が眺められて景色が良いため右側に陣

取る』奇岩変岩が連続する越後寒川、今川、桑川付近の「笹川流れ」の絶景を2等寝台の座席からじっくりと鑑賞できたことになる。『11時47分、新津着。ここで越後米の温かい出来たての駅弁を求める。乗車してくる2等客はお隣の座席扱いの方に乗り、寝台券を持っていないせいか寝室の方には誰も乗ってこない』ここでナロネでありながら、半室座席扱いについて説明を加えよう。

この車は寝台定員上下合わせて20名。そのうち4区画、上下8名分を寝台として、残り12名分が座席扱いとして2区画目のところに、引戸付きの仕切りが設けてあった』この車両は木造2等寝台車で一部を仕切って寝台と座席に分けられ、座席は夜間でも寝台をセットせずそのままですいていれば、乗客は長い座席の上にそのまま横になっていたのだろう。昼間も寝台室に他の乗客はなく、自由に移動して左右の車窓を眺められ、「乗り鉄」にとって至福の時間であろう。

柏崎を発車して青海川、柿崎付近でふたたび日本海が現れ、15時31分直江津着。『北陸本線に入り、有名な「名立崩れ」の名立、筒石と通過し、依然として続く日本海の荘厳美に見とれつつ、糸魚川、親不知を過ぎ19時に富山着』。8月15日は丸一日列車に乗っていたことになるが、その日が8月6日、9日

とともに日本人にとって特別な意味を持つのはその13年後からで、当時は暑い夏の日に過ぎなかった。

富山で京都からわざわざ迎えに来た友人Kと落ちあい、金沢まで乗車。このまま504列車に乗っていても京都着が早朝のため、金沢で後続の23時36分発506列車(新潟発)に乗り継ぎ京都着7時23分。『その夜はK君のご親戚宅にお世話になり、初めての京の大文字焼を十分堪能させていただいた』

この旅行から数年後、古山は父親、叔父、知人と北海道を訪ね、稚内からさらに樺太(現、サハリン)まで足をのばした。稚泊(ちはく)連絡船で大泊(現、コルサコフ)へ向かい、大泊から樺太庁鉄道の列車で豊原(現、ユジノサハリンスク)へ往復している。古山のこの好奇心には驚嘆させられるが、このような旅行を可能にした古山の家庭環境の良さにも驚かされる。戦前にも鉄道趣味人はいたが「育ちのいい人」が多く、鉄道趣味が富裕層の「お坊ちゃん趣味」であったことを如実に表している。

古山は1964(昭和39)年9月、東海道新幹線0系の試運転電車に試乗して東京から京都まで往復し、その試乗記を「鉄道ファン」1964年11月号に「全線試運転に乗る」と題して記している。古山は故人になられたが鉄道三昧の幸せな人生だった。

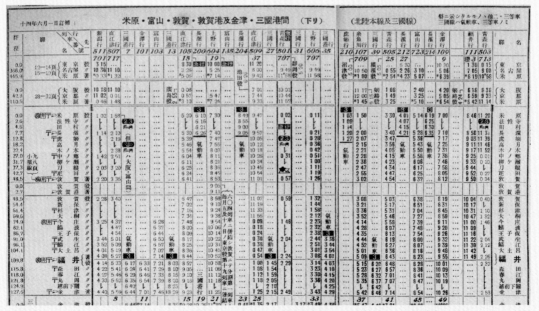

1939(昭和14)年6月1日訂補の北陸本線時刻表。急行は大阪発青森行501列車だけで北陸線内は昼行。ほかに大阪〜青森間普通列車は2本ある。東京から敦賀港への直通列車が運転されていることに注目。敦賀港でウラジオストク航路に接続した。当時のソビエト連邦(現・ロシア)への交通手段だった。

03 戦中戦後の困難を乗り越える日本海縦貫線

03-1 戦時体制に向かう日本海縦貫線

1938（昭和13）年10月より大阪〜青森間の夜行普通列車が1往復増発され、急行1往復、普通2往復となった。大阪〜新潟間普通列車は1往復で変化はない。

軍需工場通勤者のための通勤列車が増発された1939（昭和14）年11月15日改正時の大阪〜青森間および大阪〜新潟間列車の時刻は次の通り。
（下り）
急行501列車（和食堂車、2等および3等寝台車連結）
大阪10:01 〜富山17:20/17:26 〜直江津19:42/19:49 〜新津22:09/22:15 〜秋田3:28/3:35 〜青森7:28
505列車（秋田〜青森間で上野発秋田行急行405列車の一部客車を連結）
大阪13:08 〜富山22:25/22:30 〜直江津1:23/1:29 〜新津4:23/4:30 〜秋田11:30/11:46 〜青森17:00
503列車（2等および3等寝台車連結）
大阪20:40 〜富山5:52/6:02 〜直江津8:56/9:03 〜新津12:17/12:24 〜秋田18:55/19:02 〜青森23:36
509列車、姫路20:15 〜大阪22:10/22:20 〜富山7:41/7:48 〜直江津10:43/10:53 〜新潟15:08
（上り）
510列車、新潟14:00 〜直江津17:58/18:07 〜富山21:20/21:28 〜大阪6:58/7:05 〜姫路8:56
504列車（2等および3等寝台車連結）

青森5:30 〜秋田9:53/10:00 〜新津16:35/16:44 〜直江津19:59/20:05 〜富山23:01/23:06 〜大阪8:30
506列車（青森〜秋田間で秋田発上野行急行406列車の一部客車を併結）
青森12:50 〜秋田17:10/17:18 〜新津23:59/0:05 〜直江津3:01/3:08 〜富山6:35/6:59 〜大阪16:20
急行502列車（和食堂車、2等および3等寝台車連結）
青森22:20 〜秋田2:19/2:25 〜新津7:29/7:35 〜直江津9:51/9:58 〜富山12:17/12:22 〜大阪19:37

下り急行501列車の大阪発10時01分は神戸〜京都間急行電車（現在の新快速に相当）が大阪発10時00分のため、線路（外側線）を共用する501列車の発車を1分遅らせたものである。普通505、506列車は1938年10月改正時から登場したが、それまでの区間列車（大阪〜富山間、村上〜秋田間など）を延長して1本の列車としたもので富山〜村上間が夜行区間である。これに伴い、大阪〜新潟間夜行普通列車の列車番号が修正されている。このほか大阪〜直江津間の夜行普通507、508列車（大阪23:10 〜直江津13:03、直江津15:57 〜大阪5:42）があり、2等および3等寝台車が連結された。

03-2 太平洋戦争末期の日本海縦貫線

日米開戦から1年近く経過した1942（昭和17）年11月15日、関門トンネル開通に伴うダイヤ改正が行われたが、日本海縦貫線の長距離列車は1939（昭和14）年11月改正時とおおむね同じである。寝台車は3等寝台車が廃止され、2等寝台車だけになったが、官公庁、軍需産業の幹部クラス、陸海軍の上級将校（士官）などに優先発売され、一般への発売枠は少なかった。急行には和食堂車が連結されているが、当時の

メニューは「代用食中心の貧弱なものだった」といった記述があるだけで、具体的にどういうものだったかはよくわからない。「食用ガエルのムニエル」があったとの記述を見たこともある。軍隊の上級将校が食堂車を一般乗客立ち入り禁止にして「特別配給」の材料を使った美味い料理を食べていたとの証言を読んだこともあるが、今では確かめようがない。戦時中の食堂車は謎が多い。

1943(昭和18年)になると戦局の悪化に伴う船舶の軍事輸送への転用、また沿岸航路での米軍潜水艦の攻撃を避けるため、海上輸送の鉄道輸送への転移が始まり貨物列車が増発された。それに伴い、単線区間における列車行き違いのための信号場の増設工事が行われ、北海道炭を京浜工業地帯に輸送するため青函連絡船貨物船が次々と建造された。勾配区間が少なく、上越国境区間が電化されている日本海縦貫線、上越線経由がクローズアップされ、東北・常磐線経由とともに石炭輸送列車で京浜工業地帯まで輸送された。同年10月1日、重要物資輸送計画に基づく貨物輸送本位の運行体制の確立のため、旅客列車がさらに削減された。この改正で大阪〜青森間の急行501、502列車が廃止(普通列車化)された。太平洋戦争末期、1945(昭和20)年1月25日時点の日本海縦貫線の時刻は次の通りである。(時刻表復刻版戦前戦中編「時刻表昭和19年5号」より)

(下り)

507列車、上郡6:59〜大阪10:02/10:15〜富山21:27/21:39〜直江津0:50/0:59〜新津4:15/4:28〜秋田11:47/12:00〜青森17:06

501列車、大阪16:35〜富山2:52/3:03〜直江津6:05/6:19〜新津10:08/10:20〜秋田17:50/18:01〜青森22:55

513列車、大阪21:50〜富山7:40/7:51〜直江津10:47/10:54〜新潟15:03

(上り)

514列車、新潟14:00〜直江津17:58/18:15〜富山21:19/21:28〜大阪7:04

502列車、青森6:00〜秋田10:55/11:02〜新津18:08/18:24〜直江津21:50/22:00〜富山1:07/1:23〜大阪11:27

506列車、青森13:05〜秋田17:52/18:01〜新津1:07/1:20〜直江津4:26/4:32〜富山7:34/7:45〜大阪18:19

大阪〜青森間直通列車は普通2往復で約30〜31時間を要している。長時間乗り続ける乗客に加え、朝夕の通勤時間帯には軍需工場への通勤者に加え、学徒動員の中学校、高等女学校の生徒も多数乗車し混雑は激しかったはずである。そのほか、上野〜秋田間(羽越本線経由)夜行列車も運転されている。

705〜805列車、上野21:30〜新津7:04/7:18〜新潟7:45(〜秋田13:59)

808〜708列車、(秋田14:30〜)新潟21:20〜新津2149/22:04〜上野6:23

1945(昭和20)年に入り、東京はじめ主要都市への空襲が激化し、3月20日以降は東京〜下関間1往復を残して急行は全廃された。敗戦時の時刻とされている同年6月10日時点の日本海縦貫線の直通列車(夜行)は大阪〜青森間507、506列車、大阪〜新潟間513、514列車、上野〜新潟・秋田間705〜805、808〜708列車、上野〜金沢間601、602列車(上野21:00〜金沢11:05、金沢15:06〜上野5:47)だけだった。

03-3 敗戦直後の日本海縦貫線

1945年8月15日の敗戦後もおおむね6月10日時点の時刻で運転されたが、戦時中を上回る膨大な輸送要請が国鉄(当時は運輸省鉄道総局)にのしかかってきた。食料買い出し客の激増に加え、「本土決戦」に備えて日本国内に配置されていた陸海軍将兵を出身地に戻す輸送、地方への疎開者、疎開学童を都市へ戻す輸送、各地の炭鉱などに連行されていた朝鮮半島出身者など外国人労働者の帰還輸送、さらに占領軍輸送がGHQ(連合国軍総司令部)の命令通りに行われなければならなかった。

同年11月20日に戦後初の改正が行われ、前年1944年10月時点の運行に戻ったとされるが、年末にかけて石炭不足で列車削減に追い込まれ敗戦時を下回る列車本数になった。これは炭坑から外国人労働者が帰国して産出が減ったこと、冬季になり暖房用石炭の需要が増えたことで、鉄道への配炭が減らされたことが理由である。

1946(昭和21)年の春先になると石炭事情もやや好転し、列車の復活が行われた。同年2月25日時点では前年1945年11月の運転本数に戻ったとされる。この時点の日本海縦貫線の直通列車(夜行)は大阪〜青森間507、506列車、大阪〜新潟間513、514列車、上野〜新潟・秋田間705〜805、808〜708列車、上野〜金沢間601、602列車に加え、大阪〜直江津間515, 512列車(大阪23:00〜直江津12:56、直江津16:00〜大阪6:39)が運転されている。青森発506列

車は穀倉地帯を貫いて走る列車で買い出し列車として知られ、車内はヤミ米買い出し集団で占拠され地獄列車といわれ、長距離のため数時間の遅れは常態化していた。エースナンバーというべき501、502列車は時刻表に掲載されているが、下りは福井〜直江津間および大館〜青森間、上りは柏崎〜福井間および米原〜大阪間が運休になっている。

03-4 悪夢の列車大削減時代と大阪〜青森間急行の復活

　同年11月10日の改正で旅客列車が削減された。これは石炭不足で列車削減に追い込まれた前年末の苦い経験にかんがみ、列車本数をあらかじめ削減（16％）する防衛的な改正であった。この改正で大阪〜青森間直通507、506列車が夜行区間の糸魚川〜酒田間が運休となり、大阪〜青森間直通列車がなくなってしまった。関西から東北北部、北海道へ行くには途中駅で夜を明かすか、超満員の東海道線列車で東京を回り、上野で夜行列車を待つ長い行列に加わるしかなかった。この改正で登場した上野〜金沢間の準急605、606列車（夜行、信越本線経由）も12月下旬から運休となった。石炭不足は深刻で年末にかけて列車削減が繰り返され、1947（昭和22）年1月4日から急行列車廃止、2等車連結停止の非常事態になった。これは石炭を鉄鋼業に優先配分し、増産された鉄鋼を炭坑用鋼材に配分し石炭生産増加をはかる傾斜生産政策のため、鉄道への石炭配分が減らされたためである。この鉄道史上最悪の時期である同年1月20日時点における日本海縦貫線主要列車は次の通り。
（関西〜北陸、新潟間）
507列車（大阪10:10〜富山21:27）、506列車（糸魚川7:04〜大阪20:18）
519列車（大阪21:50〜新潟15:03）、332〜514列車（新潟12:30〜大阪7:19）
（東京〜北陸間）
603列車（上野22:45〜金沢15:13〜米原20:50）、602列車（金沢15:06〜上野5:47）
（東京〜新潟、庄内地方）
705〜805列車（上野21:30〜新潟7:46、酒田11:25）
808〜708列車（酒田16:30、新潟21:20〜上野6:45）
　これは旅客列車の走行キロを電化区間を除き1日15万キロ（進駐軍専用列車と復員列車を除く）としたためで、主要幹線の全線直通列車は東海道・山陽本線2往復、他は1往復程度で、どの区間でも区間列車を含め1日3〜4往復の惨状であった。

　この悪夢のような日々も同年4月24日、東海道、山陽本線に急行2往復が復活し、大阪〜富山間にも夜行普通列車（臨時）が1往復復活した。同年6月下旬より各幹線に急行が復活し、上野〜金沢間（上越線経由）の急行605，606列車（新潟発着編成を併結）が復活し、7月5日から大阪〜青森間の直通列車が約8ヶ月ぶりに急行507、508列車として復活した。この列車の時刻は次の通り。
（下り）急行507列車
大阪12:10〜富山21:06/21:20〜直江津0:04/0:12〜新津3:01/3:10〜秋田9:04/9:14〜青森14:00
（上り）急行508列車
青森12:20〜秋田16:48/16:56〜新津23:00/23:08〜直江津2:16/2:25〜富山5:18/5:38〜大阪15:05
　大阪〜青森間は25時間50分を要し、しかも富山〜酒田間が夜行区間で古くから関西とのつながりが深い新潟の人々にとってはありがたくないダイヤだった。
　戦後初の全面的ダイヤ改正である1948（昭和23）年7月1日ダイヤ改正では大阪〜青森間に2晩夜行の普通列車（513列車、大阪20:25〜青森7:16、514列車、青森20:35〜大阪6:41）が登場したが、夜行区間の酒田〜青森間が不定期だった。急行の列車番号も501、502となり本来の姿になった。このダイヤ改正の直前6月28日16時13分（当時の時刻はサマータイム17時13分）、福井地震（M7.1）が発生し北陸本線大土呂〜動橋間が不通となり、福井〜森田間の九頭竜川鉄橋の橋げたが落下した。7月1日には金沢方から動橋まで、2日には米原方から福井まで開通した。北陸本線の全面開通は8月23日で、その間大阪〜北陸間は旅客貨物とも高山本線が迂回ルートとなり、大阪〜富山間に岐阜、高山経由の夜行臨時列車が運転された。大阪〜青森間急行の運転再開は上りが9月15日、下りが9月16日である。

04 急行「日本海」と日本海縦貫線特急の要望

04-1 急行「日本海」の登場

　戦後の復興も進み、東京〜大阪間に特急が復活した1949（昭和24）年9月15日改正では、大阪〜青森間急行501、502列車の時間帯が変更され大阪〜富山間が夜行区間となったが、北陸線内の昼行急行がなくなったため10月22日より上野〜金沢間急行601、602列車が大阪まで延長され富山〜大阪間が昼行になっている。大阪〜青森間普通列車は定期化され、一夜行になっている。

　翌1950（昭和25）年10月、全国ダイヤ改正が行われ東京〜大阪間特急が8時間運転になり、戦前の水準に戻った。この改正時における日本海縦貫線の主要列車は次の通りである。（これ以降は大阪〜青森および新潟間の列車を中心に記述する）

（下り）

511列車、大阪6:22〜富山17:28/17:40〜直江津21:13/21:23〜新津1:00/1:10〜秋田8:19/8:29〜青森14:04

521列車、大阪19:00〜富山5:24/5:37〜直江津8:52/9:04〜新潟13:47

523列車、大阪21:20〜富山8:27/8:39〜直江津11:46/12:05〜新潟16:38

急行501列車、大阪22:30〜富山7:52/8:00〜直江津10:24/10:30〜新津12:52/12:58〜秋田18:10/18:19〜青森22:24

（上り）

急行502列車、青森5:40〜秋田9:32/9:38〜新津14:51/14:58〜直江津17:31/17:42〜富山20:17/20:28〜大阪5:57

522列車、新潟11:10〜直江津15:51/16:05〜富山19:18/19:31〜大阪6:51

524列車、新潟13:00〜直江津18:03/18:14〜富山21:23/21:35〜大阪7:49

512列車、青森14:10〜秋田19:49/19:58〜新津2:25/2:35〜直江津5:56/6:02〜富山9:13/9:25〜大阪20:51

　急行501、502列車は北陸本線内が夜行で、金沢、富山〜青森間は日本海側の諸都市を経由する都市間連絡列車の使命があり、青森で青函連絡船夜行便に接続した。典型的な多目的急行で、長時間乗り続ける関西〜東北北部、北海道間の乗客と、沿線の都市間を利用する乗客が入り混じる車内だった。大阪〜青森間はまる一昼夜24時間を要し、1934年12月改正時より約3時間延長し、表定速度は44.1km/h（下り）の鈍足急行だった。同年11月から大阪〜富山間に特別2等車（スロ50型）が連結された。国鉄本社では急行に愛称を付けることになり11月に「日本海」と命名された。この愛称は2012年まで60年以上使用されることになる。牽引機は1950〜56年は東海道線内がC59かC62、米原〜今庄間D51、今庄〜秋田間C57（途中駅で機関車交換）、秋田〜青森間C61で勾配区間ではD51の補機がついた。米原以北はほとんど単線でスピードは遅いつも混んでいて車内はゴミだらけ「日本一キタナイ急行」との声もあり乗客の不満は強かった。

　それでも1953（昭和28）年3月から特別2等車スロ50が全区間連結となり、同年6月から3等車と食堂車の合造車スハシ38型が連結された。（戦前のマロシ37型、同型の1両がスシ28 301として京都鉄道博物館で保存）1954（昭和29）年4月から大阪〜富山間に2等寝台と2等座席の合造車マロネロ38型（戦前の形式はマロネロ37）が連結された。寝台定員は3区画12名でささやかな寝台だった。

04-2 耐久レースのような急行「日本海」

昭和30年代に入り、3等寝台車（ナハネ10型）が登場し、1956（昭和31）年5月から急行「日本海」の大阪〜富山間に3等寝台車が1両連結された。1956（昭和31）年11月19日、東海道本線全線電化完成に伴う全国ダイヤ改正が行われた。日本海縦貫線関係では、大阪〜上野間「北陸」を分割して福井〜上野間とし、大阪〜富山間を急行「立山」とした。さらに大阪〜青森間に普通列車（二晩夜行）が増発され、全線直通普通列車が2往復になった。この時点の主要列車の時刻は次の通り。

（下り）

511列車、大阪7:20〜富山17:24/17:33〜直江津21:13/21:23〜新津0:34/0:40〜秋田7:31/7:38〜青森13:45

521列車、大阪20:12〜富山5:33/5:44〜直江津8:54/9:10〜新潟13:43

513列車、大阪21:50〜富山7:08/7:18〜直江津10:55/11:14〜新津15:07/15:42〜秋田23:55/0:10〜青森5:00

急行501列車「日本海」（食堂車連結、大阪〜富山間2等および3等寝台車連結）

大阪23:00〜富山7:23/7:34〜直江津9:52/9:59〜新津12:20/12:26〜秋田17:45/17:55〜青森21:50

（上り）

514列車、青森23:50〜秋田3:47/3:54〜新津11:01/11:09〜直江津15:01/15:07〜富山18:33/18:40〜大阪5:25

急行502列車「日本海」（食堂車連結、富山〜大阪間2等および3等寝台車連結）

青森6:15〜秋田10:13/10:25〜新津15:41/15:47〜直江津18:16/18:22〜富山20:42/20:54〜大阪5:40

522列車、新潟13:44〜直江津18:03/18:42〜富山21:44/21:57〜大阪7:56

512列車、青森14:43〜秋田19:59/20:07〜新津2:41/2:50〜直江津6:17/6:27〜富山9:43/9:59〜大阪20:06

この改正で登場した大阪〜青森間普通513、514列車はそれまでの大阪〜新潟間夜行普通列車を青森まで延長したもので、東京〜鹿児島間急行「さつま」と並ぶ二晩夜行である。末端区間の酒田〜青森間が夜行で、どれだけの利用があったのかと思うが、当時の長距離鈍行の常として荷物車、郵便車を何両も連結しており、荷物・郵便輸送が主目的で旅客は従だったと思われる。急行501、502列車は改正前と比べ約1時間短縮されたが、鈍足急行に変わりなく乗り通すには相当な忍耐力が必要でまさに耐久レースだった。接続の青函連絡船夜行便は上野〜青森間急行「みちのく」、函館〜旭川間急行「大雪」に接続するため乗客が集中した。

昭和史研究家の保阪正康（1939年12月生まれ）は札幌から京都の同志社大学へ進学した。NHKラジオ深夜便「昭和史を味わう」2016年10月4日早朝放送で次のように述べている。1960年代の高度経済成長期に農村の働き手が都市へ移ったと語った上で『京都から青森へ急行で日本海に沿って24時間くらいかかったが、途中で農村のお母さんが乗ってくる。（学生の自分たちを見て）いかに自分たちは働いているか、生活が苦しいかと言って泣きながら、あなたたち学生は恵まれていると言っていた。農村の実情がわかって勉強になった』当時の「日本海」の車内が伝わってくる貴重な証言であろう。

日本海縦貫線の直通列車は新津から羽越本線へ入り、新潟は経由しなかった。新潟と新発田を短絡する白新線は1956（昭和31）年4月15日に開通したが区間列車だけの運転だった。新潟駅は沼垂（現、貨物駅）から信濃川沿いに迂回し、万代橋に近い場所にあったが狭隘で拡張もできないため、新潟市の都市計画により1958（昭和33）年4月29日に東側の現在地へ約300m移転し、同時に沼垂は貨物専用駅となった。

北陸本線には木ノ本〜敦賀間に柳ヶ瀬越えと呼ばれる急勾配区間があり、勾配緩和のための新線（近江塩津経由）が建設され1957（昭和32）年10月に完成し2.6km短縮され、同時に田村〜敦賀間が交流電化（20000V、60ヘルツ）され米原〜田村間は蒸気機関車で連絡した。次の難所は敦賀〜今庄間の杉津越えと呼ばれる木の芽峠山越え区間でスイッチバックの連続で補機付きで越えていた。抜本的な輸送力増強策として長大トンネル（北陸トンネル13,870m）を建設することになり、1957年11月に着工された。

04-3 日本海縦貫線特急の構想

　日本海縦貫線の代表列車「日本海」は利用率は高いのにそのスピードの遅さ、設備の悪さが問題になっていた。1959年5月10日付け交通新聞は「裏縦貫特急が出来るとすれば」と題した記事を掲載し、その方向を探った。「すでにビジネス特急こだま、東北特急はつかり等がスピードを欲する人々の期待に応えているのに、裏縦貫線にはたった1往復の急行日本海があまりにも輸送力が弱いと、新潟管理局ではかねてから大阪～青森間を19時間で結ぶ特急列車の新設に懸命であり、できれば今秋のダイヤ改正で登場させてもらいたいが地元側の一致した要望である」「現行ダイヤをにらみながら同局に特急新設の構想をたずねた」「同局では特急運転に3案を持っているが、いずれも現行「日本海」を特急にする案である」

　『第1案、下りは大阪22時頃発車で青森17時頃、上りは青森13時頃で大阪8時頃とする。同時に大阪～新潟間12時間程度の昼行急行を新設し、それに新潟～秋田間ディーゼル準急を接続させる』『第2案、下りは大阪発11時頃発車で青森翌6時頃、上りは青森23時頃、大阪着翌18時頃。同時に「日本海」に代わる大阪～新潟間の夜行急行を新設し、新潟～秋田間ディーゼル準急を接続させる』『編成は同局の案ではスユニ、オロネ、ナロ、ナハネ、ナハネ、ナハネ、スハフの7両で大阪～富山間にスハ、スハフを増結する』第3案は記事にはでていないが、おそらく札幌夜到着、札幌朝出発にあわせ下りが大阪発14時頃、青森着9時頃、上りが青森発20時頃、大阪着15時頃だろう。だが、これでは新潟が深夜なので新潟局としては採用したくないのだろう。

　この案を検討すると、車両は軽量客車と在来客車の混成で当時の客車特急「はつかり」「はやぶさ」を参考にしたのだろう。特急に必須の食堂車が入っていないが書き忘れたのだろうか。所要19時間は表定速度55km/hとなるが線路条件を考えるとこれが限度か。牽引機はDF50型ディーゼル機関車が想定されるが、秋田～青森間はC61でもやむをえないだろう。いずれにせよ、昼の走行時間が長すぎ「夜行特急」はこの時点では時期尚早といわざるを得ない。この記事が発表された1959年春の時点ではキハ55系準急型気動車は出現しており、第1案の

「大阪～新潟間の昼行急行」はキハ55系なら10時間程度で可能で、大阪8時頃発車で新潟18時頃到着、秋田へは接続準急で23時頃到着は可能であろう。その案が2年後に登場した大阪～青森間特急「白鳥」に結びついた可能性はあろう。

　これに対し国鉄常務理事は次のように述べている。(交通新聞1959年5月23日付)『来年春にはつばめ、はと電車化で客車が浮いてくるので、これを使って大阪～青森間を17時間で走る裏日本特急を考えている。だが急行日本海との関係をどうするか、青函連絡との関係をどうするかの問題がありの問題がありまだ具体化していない』翌1960年1月1日付け交通新聞には「裏日本の夢、特急実現か」との記事がある。『裏縦貫特急列車はいよいよ今年中に登場する見込みだが、国鉄新潟支社では次のような列車になるだろうと言っている』『現在の日本海は30余駅に停車して23時間を要しているが、特急は13駅程度の停車に抑え17時間程度で運転する。牽引機は電気式ディーゼル機関車とする』国鉄本社サイドでも特急運転が検討されていたことがうかがえるが、所要17時間は表定速度61km/hとなり客車列車ではかなり厳しいと言わざるを得ない。さらに1時間短縮すれば大阪発8時、青森着24時が可能で、検討の結果「日着」ディーゼル特急に変わっていったと考えられる。鉄道ピクトリアル1960年12月号、石井幸孝「ディーゼル特急はつかり登場」には『来年秋に予定されている国鉄ダイヤ改正には日本海縦貫(大阪～青森)はじめ各線に新設特急の計画があるが(中略)ディーゼル動車による特急となろう』との一文がある。執筆は同年10月頃と思われ、この頃から1961年秋のディーゼル特急全国展開が徐々に明らかになり、画期的ダイヤ改正への期待が膨らんできた。

　翌1961年1月25日付け交通新聞は国鉄新潟支社長の次のような談話を伝える。『今年こそ大阪～青森間特急の実現は確定的である。加えて金沢～上野間(長野経由)特急の設定も地元の強い要望に支えられて実現の可能性がある』

05 ディーゼル特急「白鳥」の時代

05-1 1961年10月、ディーゼル特急「白鳥」登場

　1961（昭和36）年10月1日、戦後最大といわれた全国ダイヤ改正が行われた。この改正はディーゼル特急のための改正ともいわれ、北は旭川から南は宮崎まで全国でキハ82系によるディーゼル特急が増発された。この改正の構想は3年前の1958年秋ごろから着手されたが、客車特急「はつかり」のディーゼル化は各方面からの強い要望で急がれ、それと平行してディーゼル特急全国展開の構想が練られた。「はつかり」用気動車の設計は1959年末から始まったが、引き続きディーゼル特急全国展開が予定され、そのための営業、運転、施設など各方面の整備が進められた。

　この改正で日本海縦貫線には大阪〜青森間および大阪〜上野間の特急「白鳥」が登場した。国鉄部内では「日本海白鳥」「信越白鳥」と区別され、所属は大阪〜青森間「日本海白鳥」が向日町運転所（大ムコ）、上野〜大阪間「信越白鳥」が尾久客車区（東オク）でそれぞれ6両編成、大阪〜直江津間は併結され12両編成になった。同時に急行「日本海」は新潟を経由し白新線経由となり、大阪〜青森間普通列車が二晩夜行が姿を消し1往復だけになった。時刻は次の通り。（「白鳥」「日本海」の詳細な時刻は別表1参照のこと）

（下り、大阪基準）
特急2001D「白鳥」大阪8:05〜直江津15:06/15:09〜新津16:58/17:01〜青森23:50
特急2004D　　　↘直江津15:10〜上野20:35
急行501列車「日本海」大阪19:10〜直江津5:02/5:12〜新潟8:05/8:20〜青森17:29
普通511列車、大阪6:41〜直江津21:07/21:16〜新津0:34/0:45〜青森13:44
（上り、大阪基準）
特急2002D「白鳥」青森5:20〜新津12:07/12:10〜直江津14:01/14:06〜大阪21:12
特急2003D　　　上野8:50〜直江津13:54↗
急行502列車「日本海」12:02〜新潟21:15/21:30

〜直江津0:26/0:33〜大阪10:05
普通512列車、青森14:25〜新津2:42/2:52〜直江津6:16/6:24〜大阪20:12

　上記のほか、大阪〜新潟間には夜行普通列車2往復が運行されている。「白鳥」は大阪〜青森間1052.9（当時）を下り15時間45分、上り15時間52分で走り、表定速度は66.8km/h（下り）であるが、この時点では敦賀〜今庄間はスイッチバックの連続する旧線で、親不知や能生、名立付近の難所もあり、それらを考慮すれば偉業ですらある。新潟経由としなかったのは所要時間を極力短縮するためであろう。停車駅は北陸の温泉地帯で争奪戦があり、下りは大聖寺、上りは動橋となった。併結の「信越白鳥」は計画時は上野〜金沢間とすることも検討されたが大阪〜北陸間の輸送力を確保するため、大阪まで青森編成に併結して運転することになった。「信越白鳥」は座席割当も上野〜金沢、金沢〜大阪に分かれており、当時、上野から大阪まで乗ったファンの記録に、金沢で座席番号が変わったとあるが、そのような乗客は上野口では毎月5〜10人だった。この時点の「白鳥」所要時間は昼行優等列車では歴代No.1である。（歴代2位は根室発函館行ディーゼル急行「ニセコ3号」の14時間41分、1968年10月時点）走行距離でも昼行ではNo.1であった。

　急行「日本海」はこの改正から新潟へ立ち寄り白新線経由になった。大阪発を早める（上りは遅くする）ことで、夜行区間が大阪〜長岡間となった。スピードアップされ大阪〜青森間（新潟経由）1069.4kmを下り22時間19分、上り22時間03分となったが、戦前の1934年12月時点には及ばなかった。表定速度も48.4km/h（上り）で依然として50km/hに達しなかった。金沢〜新潟間にはディーゼル急行「きたぐに」（金沢15:40〜新潟21:00、新潟7:40〜金沢13:10）が登場したが、「日本海」は金沢、富山が深夜となり、北陸から新潟、秋田方面へ急行で行く場合は不便になった。

1960（昭和35）年12月28日、秋田〜青森〜鮫（八戸線）間にキハ55系のディーゼル準急「白鳥」が登場した。この愛称は青森県小湊付近に飛来する白鳥にちなんだとされた。秋田県内から青森へのビジネス準急で時刻は次の通り。

605D「白鳥」秋田7:27〜青森10:53/10:57〜尻内（現、八戸）12:41/12:44〜鮫13:00

606D「白鳥」鮫15:40〜尻内（現、八戸）15:58/16:01〜青森17:40/17:43〜秋田21:05

1961（昭和36）年9月15日、「白鳥」は「岩木」に、1959年7月に登場した大鰐〜盛岡間（青森経由）

ディーゼル準急「八甲田」は「しもきた」に改称された。これは10月改正から「白鳥」は大阪〜青森、上野間特急の愛称に、「八甲田」は上野〜青森間（東北本線経由）急行の愛称になるための措置である。交通公社時刻表9月号にはディーゼル準急が「白鳥」「八甲田」として掲載され、改称についての記事はなく予告なく行われたことになる。これは改正と同時ではなく約2週間前に行うことで混乱を防止するためである。特急の愛称「白鳥」は新潟県瓢湖（羽越本線水原付近）に飛来する白鳥にちなんだものである。

05-2 「白鳥」能生停車騒動と秋田での「つばさ」と同時発車

この1961年10月改正で「能生停車」のハプニングが発生した。この模様を1961年10月3日付け朝日新聞は次のように伝える。『ぬか喜びの特急停車、北陸線能生駅』『特急白鳥を迎えて、1日午後2時34分、北陸線能生駅はお祭り騒ぎだった。ホームでは婦人会の40人がそろいのユカタで踊るやら、機関士に花束を贈るやら（中略）かんじんの「白鳥」はドアを締め切り、「降りる」という乗客も降ろさずに発車してしまった』この改正時、下り上りの「白鳥」が能生で交換することになった。当時のダイヤは上り「白鳥」が14時30分に2番線に到着。14時32分に下り「白鳥」が通過し、14時34分に上り「白鳥」は発車。その間、3番線にはC57牽引の今庄発直江津行普通221列車が14時25分から48分まで停車している。全国版の交通公社（現、JTB）時刻表では上下とも通過となっている。なぜそんなことになったのか。朝日記事は続ける。『国鉄本社が9月初めに新ダイヤを発表した時には、能生駅には運転の都合上「上り」だけ4分半止まるが客扱いはしないと説明。交通公社の時刻表でも特急は止まらないことになっている。ところが金沢鉄道管理局ではこの4分半の待ち合わせ時間にも客扱いすると思いこみ「特急停車」の時刻表を局で作って管内各駅に張り出した。結局は国鉄側の連絡が不十分だったわけ

だ』改正初日に駅構内で地元の人々が歓迎行事をすることは駅側も事前に承諾したはずだが、なぜその時に「これはおかしい」と気付かなかったのか。このような小駅に特急停車などありえないことは国鉄関係者でなくてもわかることである。地元の熱気に「これは運転停車です。乗り降りできません」と言えなかったのかも知れない。後世まで語り継がれる「能生停車騒動」である。

「白鳥」にはもうひとつエピソードがある。この改正で秋田〜上野間のディーゼル特急「つばさ」が登場し、秋田で上り「白鳥」と同時発車になり、特急同士が並んで発車する光景が見られるようになった。地元では「特急同時発車は全国でもここだけ」と話題になり、駅南側ではカメラを構えるファンや見物する市民の姿が見られるようになった。「白鳥」は8時07分に秋田駅2番線に到着し8時10分に発車、「つばさ」は4番線から同じく8時10分に発車した。ところが、いずれかがわずかに遅れる場合が多く、頭を揃えての同時発車はなかなか撮れず、地元マスコミの求めに応じて同時発車を「演出」することもあった。その理由は「白鳥」は直前に走る通勤通学列車の影響で秋田着が遅れがちなこと。また、「白鳥」と「つばさ」は通しの特急券が発売されるため、乗り換え客は荷物を抱え通勤通学客を

かきわけ跨線橋を渡らなければならず、「つばさ」も遅れがちになるからである。ホーム助役は担当するホームだけを見て乗り遅れがないか確認してから発車合図をするため、同時発車にはなかなかならなかった。1963年3月から秋田駅構内改良工事が竣工し信号が増設され、「つばさ」が3番線発になっ

たため「白鳥」と対面乗り換えになり、同時発車のチャンスは増えた。

秋田での「つばさ」「白鳥」の接続だが、一方が遅れた場合は30分まで接続待ちするとの内規があった。

能生での「白鳥」交換風景。写真右側の上り「白鳥」は運転停車。左側の対向列車下り「白鳥」が通過。能生は地滑り、雪崩多発地帯にあり1963（昭和38）年3月16日には能生〜筒石間で下り普通列車が地滑りによる線路崩壊に遭遇し、機関車（C57型）が流されている（乗客乗務員に死者なし）。1969（昭和44）年9月に浦本〜有間川間は頸城トンネルを含む新線に切り替えられ、能生駅も南側（山側）へ約700m移転した。
◎北陸本線　能生
1964（昭和39）年頃
撮影：辻阪昭浩

秋田名物の特急同時発車。1961（昭和36）年10月ダイヤ改正で「白鳥」と「つばさ」はいずれも8時10分発となり、全国でもここだけと話題になった。連日多くの市民やファンが見物に集まったが、どちらかがわずかに遅れることが多く、なかなか同時発車にならなかった。撮影者の辻阪氏も3度目の挑戦で撮影できた。
◎奥羽本線　秋田　1964（昭和39）年8月　撮影：辻阪昭浩

北陸トンネル開通と「しらゆき」登場

1962（昭和37）年6月10日、敦賀〜今庄間に北陸トンネル（13,870m）が開通し距離も7.1km短縮され、同時に敦賀〜福井間が電化され木の芽峠（杉津経由）の旧線が廃止された。それまで嶺北、嶺南に分かれ文化面でも違いのあった福井県の南北が直結され、北陸の夜明けと言われた。「白鳥」は下り10分、上り5分スピードアップされ大阪発8時15分、大阪着21時07分となった。この改正で長岡〜新潟間が電化され上越特急「とき」が上野〜新潟間に登場している。

翌1963（昭和38）年4月、交流電化区間は金沢まで延長され、大阪〜金沢間に471系電車急行が増発された。この改正時から急行「きたぐに」が大阪まで延長され大阪〜新潟間となり、和倉（現、和倉温泉）行「奥能登」を併結した。（大阪11:05〜新潟21:00・和倉17:03、新潟7:40・輪島10:42〜大阪17:55）。金沢〜秋田（上りは青森）間にはディーゼル急行「しらゆき」が新潟経由で登場した（金沢6:45〜秋田17:05、青森6:25〜金沢20:55）。

これは1961年10月改正時から日本海縦貫線の直通列車は「白鳥」と「日本海」になったが「白鳥」は途中駅からでは特急券割り当て枚数が少なく入手は難しく、また「日本海」は金沢、富山が深夜になったため新潟、秋田方面へ行く場合は利用しにくかったため、「しらゆき」は北陸と新潟、東北北部を結び、北海道連絡列車の使命もあった。この改正の重要事項？として、大阪〜青森間普通511、512列車の廃止（大阪〜新津間に短縮）がある。この列車は1等車（並ロ、オロ40型）を連結していたが直通客などいるはずがなく、荷物、郵便輸送のために直通しているに過ぎなかった。新津で分断され下りは新津着0:34、上りは新津発2:55となったが、長岡〜新津間は車両の回送のためと思われる。

北陸トンネル（13,870m）に入る下りディーゼル特急「白鳥」（後追い撮影）。1962年6月の北陸トンネル開通で福井県の「嶺北」と「嶺南」が直結され、急勾配とスイッチバックで越えていた敦賀〜今庄間の木の芽峠越えルートが廃止され「北陸の夜明け」といわれた。1972年11月にトンネル内で火災事故が発生する惨事が起きた。
◎北陸本線　敦賀〜南今庄　1963（昭和38）年7月22日　撮影：荒川好夫（RGG）

北陸トンネル開通準備の進む今庄付近を行くディーゼル特急「白鳥」の試運転列車。1961（昭和36）年10月の全国ダイヤ改正で登場する82系ディーゼル特急の試運転が8月下旬から各地で行われ、沿線の注目を浴びた。写真は今庄南方、北陸トンネル新線区間と旧線の分岐点で、写真右上は今庄トンネル。試運転列車の走る旧線は現在道路になっている。北陸トンネルは翌1962（昭和37）年6月に開通し、杉津越えの旧線は廃止された。
◎北陸本線　今庄付近　1961（昭和36）年9月1日　撮影：朝日新聞社

05-4 急行「日本海」牽引機

　急行「日本海」の牽引機について述べる。1959年時点では、大阪〜米原間EF58、米原〜田村間E10、田村〜敦賀間ED70、敦賀〜金沢間DF50、金沢〜秋田間C57（直江津、新津で機関車交換）、秋田〜青森間C61（勾配区間ではD51補機を連結）である。1961年10月時点では金沢〜秋田間がC57（直江津と新潟で交換）であるが、翌1962年6月の長岡〜新潟間電化時には金沢〜秋田間がDF50となり、新潟で富山区と秋田区のDF50が交換した。秋田〜青森間は1959〜

60年に秋田機関区にDF50 500番台が配置され、急行「津軽」「日本海」を牽引した（大館〜弘前間D51補機を連結）。米原〜田村間は1962（昭和37）年12月に直流電化され、田村で機関車交換を行った（交直セクションは田村の米原方に設置され、交直流電車は車上切替）を行った。客車列車および貨物列車はD50、D51（一部は凸型電機ED30）でこの区間を連絡した。

秋田に到着するDF50 521（秋田機関区）牽引の下り急行列車。光線状態から午前中の撮影で「津軽」である。1959〜60（昭和34〜35）年に秋田機関区に電気式ディーゼル機関車DF50型500番台が配置され、急行「津軽」「日本海」および一部の普通列車を牽引した。◎奥羽本線　秋田　1962（昭和37）年8月　撮影：辻阪昭浩

05-5 新潟地震と「日本海白鳥」「信越白鳥」の分離

　1963年4月から「信越白鳥」は7両化され、受持区も尾久から向日町となった。同年10月から「日本海白鳥」も7両化され、大阪〜直江津間は14両編成の偉容となった。

　1964（昭和39）年6月16日13時02分に発生した新潟地震（M7.5）では新潟駅が大きな被害を受け、羽越本線は村上〜羽前水沢間が不通になり、「白鳥」は大阪〜直江津間の運転となった。6月18日には米坂線が開通し、新津から酒田方面が米坂線経由でつながり「日本海」は米坂、奥羽、陸羽西線経由で余目から羽越本線に入った。米坂線内は9600重連牽引のはずだが写真は見たことがない。坂町〜酒田間は所定では2時間20分前後であるが、迂回では5時間30分前後と思われ、下り上りとも約3時間延で運転されたことになる。新潟駅の仮復旧は6月24日である。

　羽越本線は最後まで不通だった勝木〜府屋間が6月29日に復旧し、「白鳥」は下り7月1日、上りは2日から全区間運転となり、「日本海」は下りが6月29日から、上りが30日から羽越本線経由に戻り、当初は新潟を経由しなかった。羽越本線は徐行のため各列車とも40〜60分延で運転された。

　東海道新幹線開通の1964（昭和39）年10月改正時には北陸本線の電化が富山まで完成した。同年12月25日から初の交直流電車特急として「雷鳥」（大阪〜富山）、「しらさぎ」（名古屋〜富山）が登場したが、「雷鳥」は時間帯からして明らかに温泉特急でビジネス向きではなかった。これに伴い、温泉地帯の停車駅は「白鳥」が動橋、「雷鳥」が大聖寺と金津となった。翌1965年10月改正時に交流電化は糸魚川まで延長され、市振〜親不知間に親不知トンネル（4,536m）を建設して新線に切り替え、親不知〜青海間は新子不知トンネル（3,710m）が山側に建設され上下別線となった。これで奇勝親不知は車窓から見えなくなった。この改正時に「白鳥」は青森編成と上野編成（信越白鳥）が分離され、上野編成は「はくたか」となり上野〜金沢間となった。受持ち区は金沢運転所（金サワ）になったが、碓氷峠の編成制限で7両のままであった。「はくたか」の時刻は次の通り。

（1001D）上野7:40〜金沢15:30、（1002D）金沢13:00〜上野21:00

　「日本海白鳥」はこの改正時から14両の単独運転

となり大阪方4両が新潟回転となり、新潟に立ち寄り白新線経由となった。大阪〜青森間はこの時点では新津経由1045.8km、新潟経由1062.3kmである。

　1965年10月改正時の「白鳥」「日本海」「しらゆき」の時刻は次の通りである。

（下り）

特急2001D「白鳥」大阪8:00〜新潟16:40/16:45〜青森23:35

急行501列車「日本海」大阪20:40〜新潟8:56/9:07〜青森18:47

急行503D「しらゆき」金沢9:00〜新潟14:25/14:35〜青森22:29

（上り）

特急2002D「白鳥」青森4:40〜新潟11:40/11:45〜大阪20:40

急行502列車「日本海」11:30〜新潟20:48/21:05〜大阪9:20

急行504D「しらゆき」青森6:30〜新潟14:17/14:40〜金沢20:05

　糸魚川まで電化完成時の1965年10月から急行「日本海」の糸魚川〜新潟間は東新潟機関区のDD51となった。その後もDD51投入は続き、1966年10月時点の急行「日本海」牽引機は大阪〜米原間EF58、米原〜田村間D51、田村〜糸魚川間EF70（敦賀で交代）、糸魚川〜秋田間DD51（新潟で交代）、秋田〜青森間DF50（大館〜弘前間D51補機）である。

1963（昭和38）年1月12日から北陸、信越地方は未曾有の豪雪になり、後に「サンパチ豪雪」と呼ばれ、2月初めまで上信越、北陸線が不通になった。写真は雪に閉ざされた金沢駅と金沢機関区。金沢駅は金沢鉄道管理局庁舎を兼ねた鉄筋4階建てで、駅前のビルは金沢都ホテル（1963年開業）で金沢初の本格的ホテルだった。2017（平成29）年に閉館し、後に取り壊されが再開発計画がある。◎北陸本線　金沢駅　1963（昭和38）年1月27日　撮影：朝日新聞社

金沢～富山間の電化に備えて架線の張られた倶利伽羅トンネルに入るキハ58系ディーゼル急行「きたぐに」（大阪～新潟）。倶利伽羅峠は1955（昭和30）年に倶利伽羅トンネルを含む新線が開通し、1962（昭和37）年に複線化された。
◎北陸本線　倶利伽羅～石動　1964（昭和39）年5月　撮影：朝日新聞社

05-6 「白鳥」五能線を大迂回

　1966（昭和41）年7月27日、東北本線は浅虫〜野内間で発生した土砂崩壊で不通となった。浅虫〜野内間の事故現場付近に「高野下仮ホーム」を設置し、浅虫〜事故現場間でバス代行輸送を開始した。上野方面からの列車は浅虫で折り返し、浅虫〜事故現場間は国鉄バスなどで連絡、事故現場〜青森間は機関車を前後に連結した客車列車で連絡した。「はつかり」はその間花輪、奥羽本線経由で運転した。

　8月末開通を目指して懸命な復旧工事が続けられていた8月13日午前0時頃、奥羽本線も豪雨による鉄橋損傷などで陣場〜川部間（不通区間は翌日には大鰐〜石川間となる）で不通になり、残るは五能線だけという異常事態になった。8月14日付の交通新聞によれば13日の上り「白鳥」「しらゆき」は五能線経由で運転、奥羽、花輪線経由で迂回運転中の上り「はつかり」も奥羽、五能、奥羽、横黒（現、北上）線経由の大迂回運転を行ったとあるが、翌14日以降は交通新聞、朝日新聞の記事を総合すると、「白鳥」だけが五能線迂回、他の列車は大鰐〜石川間でバス連絡輸送、五能線経由の貨物列車を8往復運転となった。

　「白鳥」迂回運転時刻などはでていないが、五能線は線路規格が低く東能代〜川部間147.2kmを3時間30分程度（表定42.0km/h）と想定され、川部〜青森間30分を加えて東能代〜青森間4時間程度となる。「白鳥」所定時刻は東能代発21時37分、青森着23時35分だが、約2時間延着の1時30分過ぎに青森着となる。青函連絡には青森発2時20分の貨物便（貨客船使用、ピーク時には旅客扱い）が接続し函館着6時10分となる。上りも青森を所定時刻で出発し東能代以南は約2時間延となるが、最優先で運行し大阪へは2時間をわずかに切る22時39分頃到着になったのではないか。2時間以内の遅れなら特急料金払い戻しをまぬかれるからである。この迂回運転を撮影したファンは皆無と思われ、写真は見たことがない。撮影名所の深浦海岸や岩館の鉄橋を行く「白鳥」や8620重連の迂回貨物列車をぜひとも見たかったと思う。この五能線も8月18日には寸断されたが同日中に復旧した。奥羽本線は8月19日夕方、東北本線は土砂崩壊現場の土中に鉄枠トンネルをはめその中に列車を通す方法で22日夕方に復旧した。

（コラム）幽霊列車「白鳥」

　ディーゼル「白鳥」は大阪からまる一日かけて青森へやって来る。単線区間が多く途中で一部のエンジンが不調になることもあり、どうしても遅れがちになる。1960年代には青函連絡船との接続が問題になった。青森での「はつかり」「白鳥」および夜行特急と青函連絡船との接続は45分まで待つとの内規があった。指令室は盛鉄局（盛岡鉄道管理局）のある盛岡にある。だが奥羽本線は秋鉄局（秋田鉄道管理局）の管轄である。盛鉄局の運転指令が秋鉄局運転指令と連絡をとり、「秋田10分延」との連絡を受ける。青森の連絡船桟橋（桟橋は青函船舶鉄道管理局の管轄）ではその連絡を受け出航準備を進める。10分延着なら連絡船は定時出航できる。ところがいつまでたっても「白鳥」は姿を現さない。幽霊のごとく消えてしまったようだ。青函連絡指令室（函館）と

盛鉄局運転指令の間は直通電話が1本しかない。奥羽線内途中駅からは管理局が違うため連絡も入ってこない。連絡船指令員が関係個所に電話を入れるがなかなか「行方」はわからない。青森40分遅れの連絡が急に入り、船に「白鳥40分遅れ、継送、乗り次第出航」の指令をだすが、その時刻になっても「白鳥」は姿を見せず「継送せず出港」の指令をするその時、青森の桟橋可動橋の係員から「白鳥が見えた」との連絡が入る。これで出港手配も函館からの接続手配もやり直した。「白鳥」はどこを走っているか何時着くかわからないことから指令員泣かせの「幽霊列車」といわれた。日本海縦貫線電化の頃から主要駅との直通電話が整備され、このようなことはなくなった。
（「航跡、青函連絡船70年のあゆみ」から）

06 寝台特急「日本海」と 急行「きたぐに」

06-1 ファンが考える日本海縦貫線寝台特急

レールファンにとって新たな列車のダイヤや牽引機を考えるのは楽しい。自由自在に構想を膨らませることができる。鉄道ファン1967年10月号掲載の椎橋俊之「創作ダイヤ」は近い将来に予想される大阪〜青森間寝台特急のダイヤをファンの立場から想定した。現在、大阪〜青森間には「白鳥」「日本海」があるが、裏縦貫利用の北海道連絡客は増加しつつあり、この２本だけでは輸送力不足ではないか、としたうえで『大阪を13時に出発して（中略）札幌へは16時頃到着、上りは札幌を14時過ぎにでて（中略）大阪に16時30分に着く』この記事に添付されたダイヤでは、想定2003列車は大阪発13時、青森着６時20分頃。青森発６時40分の青函連絡船で函館着10時30分、札幌へは特急で16時頃となっている。上りは札幌発14時頃、函館発19時15分の連絡船で青森着23時05分。想定2004列車は青森23時30分発で大阪着16時30分となっている。編成は20系客車９両編成で全車寝台だが下りは新潟着22時30分頃、上りは新潟発7時頃なので、大阪〜新潟間に２等座席車を２両程度連結するとなっている。一方、「日本海」は新潟打ち切りとし、それに接続して新潟〜青森間にディーゼル急行を運転するというもの。

この記事に対し、同誌1967年12月号では反論が寄せられた。それは、大阪〜青森間寝台特急には賛成としながら、「日本海」新潟打ち切りには賛成できない。もしそうなると、大阪対東北北部は特急だけとなり、特急券が入手できなければ旅行を拒否されることと同じであり、旅客の波動性を考えると「日本海」は大阪〜青森間で残すべきというものだった。

この想定された寝台特急を考察しよう。朝青森着、夜青森発は戦前の急行501、502列車を連想させるが（執筆者がそれを知っていたかは不明）、大阪発13時、大阪着16時30分は北陸線内が完全に昼行時間帯で電車特急、急行との速度差を考えると問題がありすぎる。寝台車の昼間座席に長時間乗車は快適とはいえない。夜大阪発、朝大阪着としてビジネス客が乗りやすくし、庄内地区や秋田を有効時間帯に入れるべきではないか。「日本海」も「いつでも乗れる列車」として必要で大阪〜青森間で残すべき、という結論になろう。後年、札幌行「トワイライトエクスプレス」の大阪発が12時と知った時、筆者はこの「創作ダイヤ」記事の大阪発13時を思い出した。執筆の椎橋氏も予言が的中したようで嬉しかったのではないだろうか。

06-2 43-10改正で寝台特急「日本海」 急行「きたぐに」登場

1968（昭和43）年10月の全国ダイヤ改正は東北本線全線電化、複線化完成に伴うもので、東日本の抜本的輸送改善、特急大増発が主眼だった。日本海縦貫線関係では米原〜金沢間、長岡〜新潟間で電車特急の最高速度が120km/hになり、大阪〜青森間に寝台特急「日本海」が登場した。同年春にダイヤ改正の概要が各紙で報道されたが、「日本海」は特急格上げと発表された。鉄道友の会阪神支部では

消えゆく長距離急行の旅を満喫するため「特急格上げで廃止される急行日本海お別れ乗車」と銘打ち「急行「日本海」東北の旅」を企画し、８月24日の下り「日本海」１等スロ62で出発した。参加は10名で『乗車に先立ってホームで１時間以上行列を作らねばならなかったが（自由席）、戦時中さながらの客扱いで運賃のみドンドン上がるのには大いに不満を感じる。スロは意外とすいており一行の

んびりと裏日本経由東北路へ向かった』(鉄道友の会機関誌RAILFAN1968年10月号) ファンの間では急行としては廃止になるのではと思われていたが、8月25日の各紙で特急急行の時刻が発表され「きたぐに」として残ることが判明し、胸をなでおろしたファンも多かった。1968年10月時点の「白鳥」「日本海」「きたぐに」「しらゆき」の時刻は次の通り。

（下り）

特急2001D「白鳥」大阪8:30 〜新潟16:43/16:49 〜青森23:40

特急2001列車「日本海」大阪19:30 〜新津4:17/4:22 〜青森11:50

急行501列車「きたぐに」大阪20:45 〜新潟8:48/9:07 〜青森18:32

急行503D「しらゆき」金沢9:20 〜新潟14:23/14:30 〜青森22:33

（上り）

特急2002D「白鳥」青森4:40 〜新潟11:30/11:35 〜大阪20:03

特急2002列車「日本海」青森16:30 〜新津0:03/0:10 〜大阪9:26

急行502列車「きたぐに」青森11:51 〜新潟20:57/21:20 〜大阪9:22

急行504D「しらゆき」青森6:24 〜新潟14:16/14:24 〜金沢19:30

　特急「日本海」は急行格上げと言われたが、純然たる新設列車で名前を急行から譲り受けた形である。関西対東北北部および北海道とのが主眼で札幌へは一夜行となり、急行時代の二夜行から大幅に改善された。所要16時間20分(下り)で表定速度64.0km /h。金沢、富山はかろうじて利用可能だが、新津は未明、深夜で新潟へ立ち寄らず「新潟無視」だが地元から大きな反発はなかったようだ。編成は需要に不安があったためか20系客車9両でスタートし、所属は青森運転所(盛アオ)であった。

　急行は「きたぐに」と看板を塗り替えただけで従来の「日本海」がそのまま残った。輸送需要の波動を考えると「いつでも乗れる」輸送力列車は必要とされたからであろう。関西から北海道均一周遊券で北海道を目指す若者の「ご用達列車」の観があったが食堂車の存在が長時間乗車のオアシスだった。大阪〜新潟間連結の寝台車も5両に増強された。この43-10改正時の特急「日本海」牽引機は大阪〜米原間EF65 500番台、米原〜田村間DE10、田村〜糸魚川間EF70 1000番台、糸魚川〜青森間DD51(秋田で機関車交代)。「きたぐに」は大阪〜米原間EF58で、米原以北はおおむね同じである。

　大阪〜新潟間夜行普通列車は43-10改正で下り1本だけ残った(525列車、大阪22:17 〜新潟14:12)。大阪から北陸への新聞輸送のため「切れ」なかったのだろう。上りは米原止まり(528列車、新潟15:15 〜米原5:11)となったが夜行鈍行などまったく重視されていないことの表れであろう。

06-3 北陸本線全線電化と特急「北越」登場

　翌1969(昭和44)年10月、北陸本線糸魚川〜直江津間および信越本線直江津〜宮内間の直流電化が完成し(交直セクションは糸魚川〜梶屋敷間に設置、車上切替)日本海縦貫線南部(新潟以南)の電化が完成した。この改正で北陸本線は地滑り地帯の浦本〜有間川間および谷浜〜直江津間は路線変更され長大トンネルが建設された。特に能生〜名立間に頸城トンネル(11,353m)が建設され筒石はトンネル内の駅になった。これにより北陸本線の全線複線化が完成した。信越本線直江津〜宮内間も柿崎〜米山間を除いて複線化が完成した。(この区間の複線化は1973年9月)

　この1969年10月から3電流式の交直流電気機関車EF81が本格的に運行開始された。「日本海」の金沢〜新津間、「きたぐに」の金沢〜新潟間がEF81牽引となった。「日本海」はB寝台車が4両増結され、秋田〜青森間はDD51重連となった。B寝台増結は予想以上の好評と翌1970年の大阪万博開催を控え万博輸送のためであろう。「きたぐに」も金沢〜新潟間(上りは新潟〜富山間)がEF81牽引となったが、注目すべきは「きたぐに」のスピードアップで(大阪22:14 〜青森18:14、青森11:51 〜 7:44)、19時間53分(上り)となり表定速度53.2km /hとなり、戦前の1934年12月時点を35年ぶりに上回った。

　1970年3月、万博輸送対策の一環として大阪〜新潟間の電車特急「北越」1往復が登場した(大阪

14:30〜新潟22:11、新潟7:00〜大阪14:48）。これ
に伴い、「白鳥」は新潟回転がなくなり、大阪〜青森
全区間が13両の長大編成になった。
　翌1971（昭和46）年10月、通称奥羽北線の秋田〜
青森間が電化され、矢立峠区間は白沢〜陣場間は勾

配緩和の下り線が新設され別線線増され、陣場〜津
軽湯の沢間に複線の新線が建設された。これに伴い
「日本海」「きたぐに」は秋田〜青森間がED75 700番
台の単機牽引となった。

北陸本線の全線電化複線化は1969（昭和44）年10月に完成し、地滑り、雪崩と災害多発区間の糸魚川〜直江津間は大部分が新
線に切り替えられた。新線区間は浦本〜有間川間と谷浜〜直江津間で、写真は浦本を発車して新線の浦本トンネルに入るディー
ゼル急行「しらゆき」（金沢〜青森）。写真左上は旧線で切替工事が行われている。
◎北陸本線　浦本　1969（昭和44）年９月　撮影：朝日新聞社

湖西線開通以前（米原経由）の「白鳥」「日本海」「きたぐに」「しらゆき」時刻表

下り

年月日	1956.11.19	1961.10.1	1961.10.1	1965.10.1	1965.10.1	1965.10.1	1968.10.1	1968.10.1	1968.10.1	1972.10.2	1972.10.2	1972.10.2	1972.10.2
列車番号	急行501	特急2001D	急行501	急行503D	特急2001D	急行501	急行503D	特急2001D	急行501	急行503D	特急4001M	特急4001	急行501
列車名	日本海	白鳥	日本海	しらゆき	白鳥	日本海	しらゆき	白鳥	きたぐに	しらゆき	白鳥	日本海	きたぐに
大阪	2300	815	1910		800	2040		830	2045		1010	1950	2210
京都	2350	848	1950		833	2119		904	2128		1041	2028	2256
米原	136	927	2113		922	2254		953	2252		1132	2138	010
福井	427	108	2337		1047	052		1112	045		1237	2304	155
金沢	608	1219	110	900	1156	218	920	1211	214	950	1332	010	317
富山	734	1314	228	1000	1245	324	1014	1300	324	1044	1419	106	420
直江津	959	1509	512	1208	1440	601	1208	1445	602	1238	1546	241	610
新津着	1220	1658	744	1410	1626	835	1407	1629	829	1422	レ	422	822
新津発	1226	1701	748	1411	1626	840	1409	1629	832	1423	レ	430	825
新潟着	—	—	—	1425	1640	856	1423	1643	848	1437	1728	—	839
新潟発	—	—	805	1435	1645	907	1430	1649	907	1445	1733	—	856
酒田	1549	1930	1143	1719	1915	1248	1713	1920	1240	1728	1951	705	1205
秋田着	1745	2059	1333	1905	2046	1437	1904	2051	1429	1902	2116	843	1344
秋田発	1755	2102	1340	1919	2049	1448	1918	2054	1439	1921	2123	853	1358
大館	2001	2234	1541	2110	2220	1705	2107	2226	1646	2055	2247	1029	1537
青森着	2150	2350	1729	2229	2335	1847	2233	2340	1832	2210	2350	1145	1709
備考	2004D 直江津1510 上野2035 秋田着2100 「つばさ」から接続、通しの特急発売				秋田着2037 「第2つばさ」から接続、通しの特急券発売								

上り

年月日	1956.11.19	1961.10.1	1961.10.1	1965.10.1	1965.10.1	1965.10.1	1968.10.1	1968.10.1	1968.10.1	1972.10.2	1972.10.2	1972.10.2	1972.10.2
列車番号	急行502	特急2002D	急行502	特急2002D	急行504D	急行502	特急2002D	急行504D	特急2002	特急4002M	急行504D	急行502	特急4002
列車名	日本海	白鳥	日本海	白鳥	しらゆき	日本海	白鳥	しらゆき	日本海	白鳥	しらゆき	きたぐに	日本海
青森発	615	520	1202	440	630	1130	440	624	1151	450	649	1240	1625
大館	820	637	1348	558	759	1317	557	752	1329	555	805	1401	1739
秋田着	1013	807	1541	729	942	1512	728	939	1524	716	940	1543	1914
秋田発	1025	810	1550	732	950	1523	731	951	1535	720	948	1558	1924
酒田	1223	941	1751	907	1132	1721	904	1135	1737	855	1145	1748	2110
新潟着	—	—	2115	1140	1417	2048	1130	1416	2057	1111	1416	2055	—
新潟発	—	—	2130	1145	1440	2105	1135	1424	2120	1115	1422	2110	—
新津着	1541	1207	2147	1158	1454	2123	1148	1438	2136	レ	1437	2125	2335
新津発	1547	1210	2149	1159	1455	2126	1148	1439	2139	レ	1438	2128	2343
直江津	1822	1406	033	1351	1654	015	1339	1636	013	1302	1633	2340	124
富山	2054	1605	303	1552	1907	249	1528	1836	206	1428	1820	132	300
金沢	2222	1702	421	1644	2005	351	1618	1930	355	1515	1910	233	402
福井	005	1812	551	1747		514	1714		520	1608		342	457
米原	330	1954	822	1915		720	1840		721	1720		554	637
京都着	450	2040	923	2004		843	1930		844	1812		700	744
大阪着	540	2112	1005	2040		920	2003		922	1848		739	839
備考	秋田発820 「つばさ」に接続、通しの特急発売 2003D 上野850 直江津1354				秋田発810 「第1つばさ」に接続、通しの特急券発売								

湖西線を走る485系特急「雷鳥」。湖西線は1974（昭和49）年7月に開通し、翌1975年3月改正時からすべての特急と一部の
急行が湖西線を経由した。湖西線は全線立体交差で高速運転を行った。
◎湖西線　志賀〜蓬莱　1975（昭和50）年8月　撮影：山田 亮

湖西線開通で客車列車と貨物列車はEF81が牽引した。12系客車の季節急行「加賀」（大阪〜金沢）を牽くEF81。
◎湖西線　蓬莱　1975（昭和50）年8月　撮影：山田 亮

07 全線電化で近代化される 日本海縦貫線

07-1 1972年10月、日本海縦貫線 全線電化の完成

新津（新潟）以北の白新線、羽越本線、奥羽本線の電化、複線化工事は1969年に着工された。当時、太平洋ベルト地帯に対する日本海沿岸が注目され日本海時代到来などと言われ、そこを貫く日本海縦貫線の輸送力増強はいわば国家的要請でもあった。

1971年10月には奥羽本線秋田～青森間の電化が完成し、翌1972年10月、羽越本線新津～秋田間および白新線新潟～新発田間の電化が完成し米原～青森間の日本海縦貫線が全線電化された。複線化については予算が十分につかず、線路容量がひっ迫している隘路区間から進められた。新津～村上間および白新線は直流電化で、村上以北が交流20000V、50ヘルツの交流電化となった。交直セクションは村上～間島間に設けられ車上切替となり、3電流方式のEF81および485系特急電車が本来の力を発揮し「白鳥」は電車化された。1972年3月15日に山陽新幹線岡山開業に伴う全国ダイヤ改正が行われたが、「鉄道100年」の同年10月2日（10月1日は日曜）には再び日本海縦貫線関連のダイヤ改正が行われた。その時点の「白鳥」「日本海」「きたぐに」「しらゆき」の時刻は次の通り。

（下り）
特急4001M「白鳥」大阪10:10～新潟17:28/17:33～青森23:50
特急4001列車「日本海」大阪19:50～新津4:22/4:30～青森11:45
急行501列車「きたぐに」大阪22:10～新潟8:39/8:56～青森17:09
急行503D「しらゆき」金沢9:50～新潟14:37/14:45～青森22:10
（上り）
特急4002M「白鳥」青森4:50～新潟11:11/11:15～大阪18:48
特急4002列車「日本海」青森16:25～新津23:35

/23:43～大阪8:23
急行502列車「きたぐに」青森12:40～新潟20:55/21:10～大阪7:39
急行504D「しらゆき」青森6:49～新潟14:16/14:22～金沢19:10

この時点での大阪～青森間は新津経由1,043km、新潟経由1,059.5km。「白鳥」は電車化され改正前に比べ1時間スピードアップされ13時間40分運転となり表定速度77.5km/hになった。青森運転所の485系13両編成でグリーン車2両が長距離特急の風格を伝えた。

この改正で大阪～新潟間の寝台急行「つるぎ」が寝台特急に格上げされた（大阪23:00～新潟8:24、新潟20:45～大阪5:56）。車両は山陽夜行特急から回ってきた20系客車を青森に転属させ「日本海」と共通運用としたものであるが、「きたぐに」大阪～新潟間連結の寝台車と時間的に大差なく、実質的値上げと言われた。さらにこの改正で臨時特急「日本海51号」が多客期に登場した（大阪19:00～青森11:28、青森21:42～13:40）。12系客車使用の座席特急で特急料金100円引きだったが、翌1973年から14系客車となった。

この改正から「日本海」は金沢～秋田間を富山第二機関区のEF81がロングランしたが、大阪～米原間がEF58となった。「きたぐに」は金沢～新潟間（上りは新潟～富山間）が富山第二機関区のEF81、新潟～秋田間が酒田機関区のEF81になった。同時に大阪～新潟間に下り1本だけ残っていた夜行普通列車が姿を消した。

（コラム）急行「きたぐに」北陸トンネル内で火災発生

1972（昭和47）年11月5日22時10分、急行「きたぐに」は大阪駅11番線を発車した。その日は日曜で土曜を挟んだ3連休の最終日で連休を関西で過ごし、北陸、新潟方面へ帰る乗客で自由席車はほぼ満席であった。翌6日午前1時13分頃、EF70 62（敦賀第二機関区）牽引で北陸トンネル通過中に食堂車オシ17 2018（宮原客車区）から出火した。乗客から出火の通報を受けた車掌は走行中の消火が困難と判断し、無線機で機関士に連絡し列車はトンネル内の敦賀側から5300m地点で非常停車した。架線は通電されており機関車は最徐力で火災車両（11両目）と12両目の客車を60mの間隔をあけて1時39分頃に切り離した。次いで10両目の客車と火災車両を切り離して脱出運転しようと努めていた間に1時52分頃火災により架線が停電して運行不能となった。対向列車の上り急行「立山3号」はトンネル内で停車し、避難していた「きたぐに」乗客の一部を収容して2時33分頃逆線進行で南今庄駅へ向かった（上り線は通電していた）。「立山」で救出された乗客は225人であった。残った乗客の多くは今庄側へ徒歩で脱出しようとしたが、トンネル内は照明もなく真っ暗で誘導もなく多くの乗客が煙に巻かれて窒息し、死者30名、負傷者714名の大惨事になった。死者の中には脱出できず列車内で亡くなった乗客もいた。

原因は食堂車喫煙室の電気暖房の過熱によるショートと推定されるがこの種の事故は極めて稀とされている。列車脱出の手配が遅かったとして機関士1名と専務車掌1名が起訴された。検察側は「なぜ列車を止めたのか、そのまま走ればトンネルを脱出できたはず」と主張したが、当時の国鉄乗務員は緊急事態発生時には「まず停車させ列車防護に最善を尽くせ」と指導されており、トンネル内列車火災は想定されていなかった。5年にわたる公判の末、乗務員は最善を尽くしたとして無罪となった。

これを契機として急行用食堂車オシ17型は使用停止になった。「きたぐに」は1973年10月から普通座席車が12系客車となった。

国鉄では全組織を挙げて車両火災対策に取り組むことになった。車両を使った火災実験も行われ、1974（昭和49）年10月24、26日にはDE10重連が試験列車7両編成を牽引し宮古線（現、三陸鉄道北リアス線）宮古～一ノ渡間の猿峠トンネル2870mを60km/hで走行し、走行中の列車が火災を起こす世界でも例のない実験が行われた。その結果、走行中に列車火災が発生した場合、換気回数が急増して燃焼を助長させる。特にトンネル内走行中の換気回数はトンネル外より相当多くなるが、窓、通風機、側ドア、貫通ドアが閉じていれば延焼防止に相当効果があることが判明した。トンネル内の走行火災実験では、火災車両より前の車両は火災の影響をほとんど受けず、後位車は離れるほど影響が少ない。火災車両の後部貫通ドアを締め切ることは延焼防止に効果があるとされ、走行中に列車火災が発生した場合は、難燃化された車両で、窓、通風機、ドアなどが閉じていれば後部車に延焼しないと推定されそのまま走り抜けることとされた。同時に車両の難燃化、車内消火器の増設、長大トンネル内における照明の整備などが行われた。

（参考文献）佐々木冨泰、網谷りょういち「続、事故の鉄道史」（1995、日本経済評論社）
久保田博「列車の安全はどう守られてきたか、運転保安要史」（鉄道ファン1986年11月号、1987年1月号）

07-2 1975年3月、「白鳥」「日本海」湖西線経由に

琵琶湖西岸に鉄道を建設する構想は明治時代からあったが、実現したのは昭和に入ってからで江若鉄道（浜大津～近江今津間）が全通したのは1931（昭和6）年1月である。近江今津以北への延長は地元の強い要望だったが、江若鉄道にはその資金力がなかった。戦後になり国鉄は北陸本線増強のため大津付近と近江塩津を結ぶ鉄道の調査を始め、1964年に着工された。それに伴い江若鉄道は1969年10月末限りで廃止され、その路盤の一部は湖西線に転用された。

関西と北陸を短絡する湖西線（山科～近江塩津間）は1974（昭和49）年7月20日に開通したが、当初はローカル列車だけであった。翌1975（昭和50）年3月10日、山陽新幹線博多開業に伴う全国ダイヤ改正が行われ、北陸本線の特急、急行列車の大部分は湖西線経由となった。その時点の「白鳥」「日本海」

「きたぐに」「しらゆき」の時刻は次の通り。

（下り）

特急4001M「白鳥」大阪10:20 〜新潟17:24/17:30 〜青森23:50

特急6003列車「日本海1号」大阪17:10 〜新津1:01 /1:15 〜青森8:41（季節列車）

特急4001列車「日本海2号」大阪20:15 〜新津4:22 /4:30 〜青森11:45

急行501列車「きたぐに」大阪22:10 〜新潟8:54/9:08 〜青森17:11（米原経由）

急行503D「しらゆき」金沢9:50 〜新潟14:26/14:31 〜青森22:14

（上り）

特急4002M「白鳥」青森4:50 〜新潟11:11/11:16 〜大阪18:25

特急4002列車「日本海1号」青森16:25 〜新津23:36 /23:43 〜大阪7:49

特急6004列車「日本海2号」青森19:24 〜新津2:35 /2:45 〜大阪10:46（季節列車）

急行502列車「きたぐに」青森12:58 〜新潟20:55 /21:20 〜大阪8:27（米原経由）

急行504D「しらゆき」青森6:50 〜新潟14:16/14:27 〜金沢19:17

　湖西線開通で19.5km短縮され大阪〜青森間は新津経由1023.5km、新潟経由1040.0kmとなった。「白鳥」（下り）は10分短縮され13時間30分（表定速度77.0km /h）となったが、昼行列車走行距離No.1の座

を東京〜博多間「ひかり」（実キロ1069.2km）に奪われた。

　日本海（下り2号）は25分短縮の15時間30分（表定速度66.0km /h）である。「日本海」の時間短縮が大きいのは米原〜田村間のディーゼル機関車牽引がなくなったことが理由である。ここで定期「日本海」（下り2号、上り1号）は14系寝台車となり、食堂車が外され車両配置区が九州の早岐客貨車区（門ハイ）となり、関西〜九州間寝台特急「あかつき」「明星」と共通運用となった。

　この改正から14系座席車使用の臨時特急「日本海51号」は季節列車となり「日本海」（下り1号、上り2号）となり多客期運転となった。季節「日本海」は定期「日本海」と比べ、下りは3時間繰り上がり、上りは3時間繰り下がり、福井、金沢、富山での利用を重視した。翌1976年3月の運転時から2段式B寝台車24系25型となった。

　急行「きたぐに」は米原経由のままであるが、郵便車が連結されているため米原での郵便物の積み下ろしや、名古屋方面からの乗継客に配慮したものであろう。食堂車は1972年11月発生の北陸トンネル火災事故を機に外された。1975年3月改正時の「日本海」牽引機は大阪〜秋田間EF81（金沢で交換）、秋田〜青森間ED75 700番台である。「きたぐに」は大阪〜米原間EF58、米原〜田村間DE10、田村〜富山間EF70、富山〜秋田間EF81（新潟で交換）、秋田〜青森間ED75 700番台である。

07-3 1978年10月、「日本海」2往復に

　1978（昭和53）年10月2日ダイヤ改正は東北、上越新幹線開業の遅れに対応した東日本中心の改正であったが、この改正時から季節「日本海」が定期化され「日本海」は2往復となった。この改正時から在来線も新幹線と同様に列車の「○号」が下り奇数、上り偶数となった。この改正時の「白鳥」「日本海」「きたぐに」「しらゆき」の時刻は次の通りである。

（下り）

特急4001M「白鳥」大阪10:18 〜新潟17:24/17:30 〜青森23:50

特急4001列車「日本海1号」大阪17:15 〜新津1:01 /1:15 〜青森8:41

特急4003列車「日本海3号」大阪20:15 〜新津4:20 /4:26 〜青森11:45

急行501列車「きたぐに」大阪22:10 〜新潟8:55/9:08 〜青森17:10（米原経由）

急行501D「しらゆき」金沢9:49 〜新潟14:26/14:37 〜青森22:18

（上り）

特急4002M「白鳥」青森4:50 〜新潟11:10/11:16 〜大阪18:25

特急4002列車「日本海2号」青森16:27 〜新津23:40 /23:46 〜大阪7:48

特急4004列車「日本海4号」青森19:23 〜新津2:35 /2:45 〜大阪10:46

急行502列車「きたぐに」青森12:55〜新潟20:54 /21:23〜大阪8:27（米原経由）
急行502D「しらゆき」青森6:50〜新潟14:15/14:27 〜金沢19:17

　この改正を機に「白鳥」はグリーン車が1両となり連結位置も編成中央の6号車になり（8月実施）、青森方（大阪発着時）3両が自由席となった。定期化された「日本海」（下り1号、上り4号）は二段式B寝台車24系25型で宮原客車区（大ミハ）所属、従来からの「日本海」（下り3号、上り2号）は三段式

B寝台車を主体にした24系24型で青森運転所（盛アオ）所属になり「50〜3」改正以来の九州早岐区の広域運用が解消した。この改正で「きたぐに」からグリーン車（スロ54、スロ62）が外されている。この時点では「きたぐに」連結の郵便車（オユ10 2500番台）は大阪〜旭川間の運用で青函連絡船夜行便で航送され、道内は121列車（函館6:20〜旭川20:06）、122列車（旭川6:16〜函館20:04）に連結された。

07-4 大阪〜東北北部、北海道の飛行機

　ここで大阪〜東北北部および北海道間の飛行機について述べる。大阪万博開催時の1970年7月時点では大阪〜新潟、東北北部間には就航しておらず、交通機関は国鉄だけで「白鳥」「日本海」「北越」の重要性がわかる。大阪〜札幌間にはJALが3往復（DC8-61、B727など）、ANAが1往復（B727）就航しているが片道19,700円、往復34,800円。国鉄利用（1970年時点）の大阪〜札幌間は「白鳥」「おおぞら」乗継で5,890円、「日本海」（B寝台下段）「北斗」乗継なら7,090円である。1970年の大卒初任給（平均）約4万円、会社員の平均年収約94万円（当時のサラリーマンにとって年収100万越えは大きな目標だった）と比べ、飛行機は著しく高く一般的な交通機関ではなかった。

　日本海縦貫線電化が完成した1972年10月の交通公社時刻表には大阪〜新潟間にANA1往復（YS11）、TDA（東亜国内航空、現在は日本航空に合併）1往復（YS11）が掲載されているが、いずれも「路線免許申請中」となっていて、この時から就航したことになる。大阪〜秋田、青森間の航空路線はない。大阪〜札幌（千歳）間は直行便がJAL2往復（DC8-61）であるが、羽田乗継もできた。1976（昭和51）年7月1日からTDAは大阪〜青森間、札幌（千歳）〜青森間で各1往復、YS11で運航を開始した。

　鉄道対航空の大きな変化は1976年11月の国鉄運賃の大幅値上げ（旅客50.3%、貨物53.9%）である。1976年12月の時刻表では大阪〜新潟間にTDAが3往復（YS11）、大阪〜秋田間にTDAが2往復（YS11）就航している。対北海道では小松—新潟〜札幌（千歳）間にANAが1往復（B737）、秋田〜札幌（千歳）間にTDAが2往復（YS11）就航している。大阪〜札幌

（千歳）間はJALが3往復（DC8-61）、ANAが3往復（B727）である。

　運賃面で比較すると大幅値上げの結果、大阪〜新潟間では国鉄特急指定席利用6,700円、特急二段式B寝台利用10,700円、飛行機が14,100円（往復25,380円）、大阪〜秋田間は国鉄特急指定席利用8,400円、特急B寝台（3段式）利用11,400円、飛行機20,800円（往復37,440円）である。大阪〜札幌間は国鉄特急指定席利用12,000円、特急B寝台（3段式）利用15,000円、飛行機28,600円（往復51,600円）である。飛行機の方が高いことには変わらないが、国鉄との差は縮まっている。

　その後も国鉄の運賃料金の値上げは繰り返された。1978年7月には旅客運賃が19.2%値上げされ、同年10月には特急、急行、B寝台料金が12%値上げされた。1978年10月時点の大阪〜新潟間は国鉄特急指定席利用7,800円、特急二段式B寝台利用12,300円、飛行機（TDA3往復、うち1往復はDC-9、2往復がYS11）が14,700円（往復26,580円）、大阪〜秋田間は国鉄特急指定席利用9,700円、特急二段式B寝台利用14,200円、飛行機（TDA2往復、YS11）20,800円（往復37,440円）、大阪〜青森間は国鉄特急指定席10,600円、特急二段式B寝台利用15,100円、飛行機（TDA2往復、YS11）25,400円（往復45,720円）、大阪〜札幌間は国鉄特急指定席利用13,950円、特急B寝台（二段式）利用18.450円、飛行機28,600円51,600円で、大阪〜札幌（千歳）間はJAL、ANA各3往復である。国鉄と飛行機の運賃格差がかなり縮まっていることがわかる。飛行機の快適さを一度味わうと鉄道には戻ってこない。

湖西線開通後の「白鳥」「日本海」「きたぐに」「しらゆき」時刻表

下り

列車番号	急行503D	特急4001M	特急4001	急行501	特急6003	特急2001M	特急4001M	急行501	特急4003	特急5001M	特急4001	特急4003	急行501M	特急4001	急行501M
(年月日)	1975.3.10					1982.11.15					1988.3.13			2008.3.15	
列車名	しらゆき	白鳥	日本海2号	きたぐに	日本海1号	白鳥1号	白鳥	きたぐに	日本海3号	白鳥	日本海1号	日本海3号	きたぐに	日本海	きたぐに
大阪		1020	2015	2210	1710		955	2210	2015	955	1715	2015	2320	1747	2327
京都		1052	2056	2257	1755		1032	2256	2057	1025	1755	2057	003	1822	002
福井		1235	2255	156	1951	548	1213	155	2302	1158	1952	2302	308	2026	217
金沢	950	1329	001	320	2051	647	1308	312	2359	1251	2052	2359	413	2132	347
富山	1044	1419	059	424	2145	735	1355	415	059	1336	2146	059	500	2220	430
直江津	1230	1544	241	623	2323	907	1520	605	242	1452	2324	242	633	2351	617
新津着	1412	レ	422	829	101	1047	レ	828	420	1615	103	420	820	121	810
新津発	1413	レ	430	837	115	1048	レ	835	426	1615	115	426	828	128	814
新潟着	1426			854		1101	1708	850		1627			844		830
新潟発	1431	1724		908		1115	1725			1631					
酒田	1724	1954	705	1207	356	1341	1947		704	1851	356	701		358	
秋田着	1901	2117	844	1346	530	1518	2115		845	2018	534	841		535	
秋田発	1924	2120	852	1356	538	1523	2117		855	2020	536	843		540	
大館	2100	2246	1029	1538	718	1654	2246		1043	2147	717	1027		713	
青森着	2215	2350	1145	1710	840	1803	2351		1156	2251	833	1142		834	
備考	季節列車			米原経由 米原発010				米原経由 米原発010			青森発850 函館着1108		米原経由 米原発120		米原経由 米原発105 新津-新潟間 快速列車

上り

列車番号	特急4002M	急行502	特急6004	特急4002	特急4002M	特急2002M	急行502	特急4004	特急4002	特急5002M	急行502M	特急4002	特急4004	特急4002	急行502M
(年月日)	1975.3.10				1982.11.15					1988.3.13				2008.3.15	
列車名	白鳥	きたぐに	日本海2号	日本海1号	白鳥2号	白鳥4号	きたぐに	日本海4号	日本海2号	白鳥	きたぐに	日本海2号	日本海4号	日本海	きたぐに
青森	450	650	1258	1625	450	556		1625	1923	552		1631	1923	1933	
大館	556	806	1419	1742	556	656		1743	2041	656		1745	2049	2059	
秋田着	717	945	1556	1917	720	820		1922	2220	820		1925	2226	2229	
秋田発	720	957	1606	1927	722	822		1930	2232	822		1927	2228	2231	
酒田	854	1140	1753	2110	850	955		2110	012	955	1208	2111	005	003	
新潟着	1111	1416	2055		1107	1208				1208	1213				2255
新潟発	1116	1427	2120		1113	1213	2137			1213	1225				2309
新津着	レ	1442	2137	2336	レ	レ	2152	2336		レ	1225	2342	226	226	2310
新津発	レ	1443	2141	2343	レ	レ	2155	2343		レ	1225	2344	228	228	
直江津	1259	1629	2343	141	1259	1349	013	125	258	1349	023	117	402	400	
富山	1423	1827	125	401	1425	1505	208	258	356	1505	200	240	533	529	
金沢	1510	1917	258	507	1510	1549	247	356	458	1549	247	330	624	619	
福井	1604		507	745	1604	1640	427	603	625	1640	330	428	718	718	
京都着	1748		710		1748	1814		658	659	1814	634	634	921	951	
大阪着	1825		749	827	1825	1844	827	737	737	1844	704	713	956	1027	
備考		米原経由 米原発637	季節列車				米原経由 米原発636				米原経由 米原発522			函館発1652 青森着1909	米原経由 米原発522

48

08 国鉄時代末期、JR発足後の日本海縦貫線

08-1 1980〜85年の「白鳥」「日本海」「きたぐに」

1970年代後半から国鉄の長距離列車は飛行機に対する競争力を急速に失っていった。1980年8月1日付け交通新聞は次のように伝える。『かつて青森から出る大阪行の列車は盛況だった。「(昭和)46年くらいまでですかね」と青森駅長。今では連絡船からの乗り継ぎと青森駅からのお客をあわせても大阪方面まで行く人は1日50〜60人。そのほとんどは「日本海」利用だ。昼行のロングラン電車特急「白鳥」に最後まで13時間半お付き合いするガマン強い客などいなくなった』

1980(昭和55)年10月改正で「あけぼの」が20系から24系24型(当時は三段式)になりA寝台オロネ24が2両連結となったあおりで「日本海3、2号」からオロネ24がなくなり2往復ともB寝台だけとなった。

上越新幹線開通に伴う1982(昭和57)年11月15日改正では日本海縦貫線では長岡、新潟で新幹線に接続する特急が登場した。電化区間だけを走る「架線下ディーゼル急行」しらゆきが特急に格上げされ福井〜青森間の「白鳥」(下り1号、上り2号)になった。1982年11月改正時の「白鳥」時刻は次の通り。

下り
特急2001M「白鳥1号」福井5:48〜新潟11:01/11:15〜青森18:03
特急4001M「白鳥3号」大阪9:55〜新潟17:08/17:25〜青森23:51
上り
特急4002M「白鳥2号」青森4:50〜新潟11:07/11:13〜大阪18:25
特急2002M「白鳥4号」青森9:55〜新潟16:30/16:42〜福井21:59

「白鳥」(下り1号、上り4号)は青森発着の時間が「しらゆき」と大きく異なり「格上げ」と言い難く、急行を廃止させ特急中心に再編成する施策の一環で上越新幹線と長岡、新潟で接続する接続特急でもあった。編成は485系9両で青森運転所所属である。

本来の「白鳥」である下り3号、上り2号は青森所属12両編成で食堂車連結で残ったが、関西から東北北部まで乗り通す客は少なく、金沢、長岡、新潟、秋田など拠点駅でかなりの乗客が入れ替わった。「日本海」は時間帯に変化はないが2往復とも宮原客車区の二段式B寝台24系25型になった。「きたぐに」は大阪〜新潟間に短縮され新潟で「いなほ」に接続し、編成も一新され14系座席車と14系寝台車の特急のような編成になった。この改正時の「きたぐに」と接続の「いなほ」時刻は次の通り。

(下り)
急行501列車「きたぐに」大阪22:10〜新潟8:50
特急2013M「いなほ3号」新潟9:05〜青森15:50
(上り)
特急2018M「いなほ8号」青森13:02〜新潟19:40
特急2020M「いなほ10号」秋田17:20〜新潟21:22
急行502列車「きたぐに」新潟21:37〜大阪8:27

1982年11月改正時の「日本海1、4号」牽引機は大阪〜秋田間EF81(上りは敦賀で交換)、秋田〜青森間ED75 700番台。「日本海3、2号」は大阪〜秋田間EF81(下りは敦賀で交換)、秋田〜青森間ED75 700番台である。「きたぐに」は大阪〜米原EF58、米原〜田村間DE10、田村〜金沢間EF70、金沢〜新潟間EF81(上りは新潟〜富山間EF81、富山〜田村間EF70)である。

米原〜田村間の交直接続は客車および貨物列車はDE10牽引で接続していたが、EF81による車上切替に変更されることになり、1983(昭和58)年2月6日から一部列車が米原〜敦賀(一部は敦賀以北)間EF81牽引となった。「きたぐに」も同年3月31日から米原〜田村間のDE10牽引が廃止され、EF81による直通運転となった。(大阪〜米原間はEF58牽引)

貨物列車の大幅削減が行われた1984年2月1日のダイヤ改正では「日本海3、2号」が青森運転所の24系25型となった。1984年11月1日(下りは翌日)から「白鳥」(下り3号、上り2号)から食堂車が外され、「白鳥」の凋落を象徴する出来事となった。

08-2 「きたぐに」583系電車化と臨時「日本海」

東北、上越新幹線上野開業に伴う1985(昭和60)3月14日の全国ダイヤ改正では福井〜青森間の「白鳥」(下り1号、上り4号)は新潟を境に「北越」「いなほ」に分割され「白鳥」は再び大阪〜青森間1往復となり、向日町運転所(大ムコ)に移管され485系10両編成となった。この改正で金沢〜長岡間が最高120km/hとなり「白鳥」は下り35分、上り13分スピードアップした。「日本海」は1、4号が宮原客車区の24系25型、3、2号が青森運転所の24系25型でいずれも二段式B寝台車だけの編成であ

20系客車の臨時特急「日本海54号」、最後部ナハネフ22に「日本海」の絵入りバックサインが入っている。20系客車は団体列車など臨時列車に使用されていたが、窓上のクリーム帯が消されたため、最後部ナハネフ22の「表情」が変わった。20系の臨時「日本海」は1990年夏の運転時から急行「あおもり」となった。
◎奥羽本線
青森〜新青森
1986(昭和61)年10月27日
撮影：佐藤利生

EF81 112(長岡運転所)が牽引する臨時特急「日本海54号」、20系客車8両編成(電源車含む)。20系客車は窓上のクリーム色の帯が消されている。
◎奥羽本線　青森〜新青森
1986(昭和61)年10月27日
撮影：佐藤利生

る。この改正で「きたぐに」が電車化され向日町運転所の583系となり、サハネ581改造のA寝台車サロネ581が登場している。

1985年10、11月には臨時特急「日本海」（下り51号、上り52号）が青森配置および向日町配置の583系で運転され、向日町配置車はA寝台サロネ581を連結した。583系電車の大阪～青森間走破は初めてであったが、同年末の運転時からは臨時「日本海」（下り53号、上り54号）は20系客車となった（85～86年の年末年始は日本海51、52号の設定なし）。臨時「日本海」は修学旅行など団体輸送が主目的だっ

たが、1986年11月「国鉄最後のダイヤ改正」から「日本海81、82号」となった。JR発足後も多客期に20系客車で運転されたが、寝台幅の狭い20系のため1990年7月運転時から時刻はそのままで急行「あおもり」となった。1989年夏の「日本海81、82号」の時刻は次の通りで20系客車7両編成（全車B寝台、電源車含む）だった。
8001列車「日本海81号」大阪20:50 ～（新津運転停車）～青森12:48
8002列車「日本海82号」青森16:48 ～（新津運転停車）～大阪8:57

08-3 JR発足と「日本海」函館延長

1986（昭和61）年11月1日の全国ダイヤ改正は、翌年4月の国鉄分割民営化、JR発足を控え民営化後の営業体制、列車体系、人員配置を前提とした「国鉄最後のダイヤ改正」でそのまま翌1987年4月発足の新会社に引き継がれた。その改正時の「白鳥」「日本海」「きたぐに」の時刻は次の通りであるが、参考までに「つるぎ」の時刻も掲載する。
（下り）
特急5001M「白鳥」大阪10:40 ～新潟17:16/17:27 ～青森23:40
特急4001列車「日本海1号」大阪17:35 ～新津1:04/1:15 ～青森8:40
特急4003列車「日本海3号」大阪20:20 ～新津4:19/4:22 ～青森11:42
特急4005列車「つるぎ」大阪22:00 ～新潟6:46
急行501M「きたぐに」大阪23:20 ～新潟8:28（米原経由）
新潟から特急「いなほ1号」に接続（新潟8:52 ～青森15:28）
（上り）
特急5002M「白鳥」青森4:50 ～新潟11:10/11:16 ～大阪18:01
特急4002列車「日本海2号」青森16:25 ～新津23:40/23:46 ～大阪7:37
特急4004列車「日本海4号」青森19:23 ～（新津運転停車）～大阪10:26
急行502M「きたぐに」新潟22:05 ～大阪7:30（米原経由）
新潟で秋田発特急「いなほ14号」（秋田17:10 ～新潟

20:59）から接続
特急4006列車「つるぎ」新潟22:25 ～大阪7:12

「白鳥」は約20分速くなり13時間ジャスト（下り）となり、485系9両でJR発足後の担当はJR東日本上沼垂運転区（新カヌ）となった。「日本海」1、4号および「つるぎ」がJR西日本（宮原客車区）の24系25型、「日本海」3、2号がJR東日本（青森運転所）の24系25型となった。「きたぐに」はJR西日本（向日町運転所）の583系10両である。

1988（昭和63）年3月13日、青函トンネル開通に伴うJR発足後初の全国ダイヤ改正が行われた。この改正で「白鳥」の時刻が繰り上がり（上りは繰り下がり）青森で青函連絡船夜行便の代わりに登場した急行「はまなす」（青森～札幌間）に接続した。さらに「日本海」1、4号が青函トンネルを抜け函館発着となった。この時点の「白鳥」「日本海」の時刻は次の通り。
（下り）
特急5001M「白鳥」大阪9:55 ～新潟16:27/16:31 ～青森22:51
青森から急行「はまなす」（青森22:55 ～札幌6:18）に接続
特急4001列車「日本海1号」大阪17:35 ～新津1:04/1:15 ～青森8:33/8:50 ～函館11:08
特急4003列車「日本海3号」大阪20:20 ～新津4:19/4:22 ～青森11:42
（上り）
特急5002M「白鳥」青森5:52 ～新潟12:08/12:13 ～大阪18:44
青森で札幌発急行「はまなす」札幌22:00 ～青森

5:17から接続
特急4002列車「日本海2号」青森16:31 ～ 新津
23:42/23:44 ～大阪7:13
特急4004列車「日本海4号」函館16:52 ～ 青森
19:09/19:33 ～（新津運転停車）～大阪9:56

　函館直通「日本海」1、4号は24系25型（宮原）で
電源車を含む6両（B寝台5両）が函館発着となり、津
軽海峡線（青森～函館間）の牽引機はED79となった
が、二段式B寝台車だけで「北斗星」に比べ地味で
話題性に乏しかった。「日本海」3、2号は二段寝台
化が完了していた24系24型（青森）になり、開放型A
寝台車オロネ24が連結された。下り「きたぐに」は
この改正時から新津～新潟間が快速となった。

　大阪～札幌間を直通する特急「トワイライトエク
スプレス」について触れると、1988年7月にパックツ
アー用の臨時列車として登場したが、当初は1編成し
かないため週2往復運転で時刻表に掲載されなかっ
た。1989年12月から臨時特急として時刻表に掲載さ
れ週4往復となり一般発売された。1990年3月時点
の「トワイライトエクスプレス」時刻は次の通り。（大
阪発月水金土、札幌発火木土日）
特急8001列車、大阪12:00 ～新津19:28/19:31 ～（青
森、函館運転停車）～札幌9:03
特急8002列車、札幌14:16 ～（函館、青森運転停車）
～新津4:44/4:46 ～大阪12:36

函館に初めて到着した「日本海1号」、最後部はオハネフ25 17（宮原客車区）。右側はED79 3（青函運転所）牽引の快速海峡8
号。津軽海峡線には連絡船の代替として乗車券だけで乗れる客車快速が登場した。
◎函館本線 函館　1988（昭和63）年3月13日　撮影：佐藤利生

09 終焉に向かう「白鳥」「日本海」「きたぐに」

09-1 「日本海」は修学旅行がお得意様

　北海道内公立高校の修学旅行は現在では往復とも飛行機利用であるが、1980年代後半まで往復とも鉄道利用で、目的地も関西および東京でまさに日本半周ともいうべき大旅行であった。春秋の修学旅行シーズンは「日本海」は修学旅行でも利用された。1963(昭和38)年10〜11月実施の釧路の高校の修学旅行は3班に分けて出発。往路は急行「日本海」で関西へ向かい、京都、奈良さらに小豆島へ足をのばし、帰路は東海道経由で江の島、鎌倉、都内と回り11泊12日うち車中5泊、費用1人15,000円の今の海外旅行並みの大旅行だった。混雑列車「日本海」の1両半に青森から優先乗車した。(団体客は始発駅乗車に限り優先乗車で座席が確保された)「白鳥」は定員が少なく修学旅行は原則として乗せなかったと思われる。修学旅行(公立高校)の特急利用は1960年代後半から増えてきた。

　寝台特急になった「日本海」は北海道内及び東北北部の高校修学旅行によく利用され「お得意様」の観があった。1981年秋実施の北海道日高地方の高校の関西、関東への修学旅行のコースを紹介する。
(第1日)静内(貸切バス)苫小牧(北斗2号)函館(青函連絡船)青森(日本海2号)　　　　(車中泊)
(第2日)〜京都、貸切バスで奈良観光　　(京都泊)
(第3日)午前中貸切バスで京都観光、午後、京都から「ひかり」で東京へ　　　　　(東京泊)
(第4日)午前中、都内グループ別行動、午後貸切バスで横浜観光、自動車工場見学　(東京泊)
(第5日)都内自由行動、夜、上野から「ゆうづる3号」乗車　　　　　　　　　　(車中泊)

(第6日)〜青森(青函連絡船)函館(おおぞら)苫小牧(貸切バス)静内

　北海道の公立高校では1987年から飛行機利用が片道だけ認められた。往復ではなく片道だけ認められたのは「列車の車中での生徒間の交流にも捨てがたい教育的意義がある」からとされた。
1988年3月の青函トンネル開通後も道内公立高校は片道鉄道利用と往復鉄道利用のケースがあった。次に1990年秋実施の北海道十勝地方の高校修学旅行のコースを紹介するが、函館発の「日本海4号」を利用している。(1学年を200名づつ2班にわけ2日連続で出発)
(第1日)帯広(おおぞら6号)千歳空港(北斗10号)函館(日本海4号)　　　　　　　　(車中泊)
(第2日)〜金沢、貸切バスで兼六園、永平寺見学(北陸自動車道)宇治平等院見学　(奈良泊)
(第3日)貸切バスで奈良観光、法隆寺、清水寺見学(京都泊)
(第4日)京都市内グループ別行動　　　(京都泊)
(第5日)京都(ひかり)東京、午後は都内グループ別行動、夜、上野から「ゆうづる1号」乗車　　　　　　　　　　　　　(車中泊)
(第6日)〜青森(快速海峡)函館(北斗5号)千歳空港(とかち5号)帯広

　北海道の高校でこのような大規模修学旅行が行われていた理由は、道内高校の卒業生は卒業後に道内で進学、就職するケースが多く、関東、関西を訪れる機会が少ない、が理由である。「日本海」の修学旅行利用も90年台後半あたりから徐々に減少した。

09-2 さよなら「白鳥」

　JR発足後の「白鳥」はJR東日本上沼垂運転区の国鉄カラー485系9両で運転されたが、経年劣化対策として1988年秋よりリニューアル(更新)が開始さ

れた。グレードアップされた編成は塗色が窓回りアイボリーに車体下部は緑の濃淡となり「新潟特急色」となった。車内もグリーン車の座席が1列3人(2+

１人掛け）となった。1990年３月から「白鳥」は毎日グレードアップ編成での運用になり、ボンネットのクハ481でもグレードアップされた新潟特急色がありファンに人気があった。

1995（平成７）年４月20日（阪神大震災で１ヶ月遅れた）改正では「白鳥」は下り12時間35分、上り12時間24分となり、「白鳥」史上の最短所要時間となった。時刻は次の通り。

特急5001M〜5011M、大阪10:12〜新潟16:30/16:34〜青森22:47

特急5012M〜5002M、青森6:11〜新潟12:14/12:20〜大阪18:35

大阪〜青森間1,040.0km、表定速度は下り82.6km/h、上り83.8km/hである。1961年10月の運転開始時と比べ下りは３時間10分、上りは３時間28分短縮されたが、全区間乗り通す乗客はそれを目的とする「乗り鉄」や「鉄旅愛好者」くらいであった。登場時の「白鳥」の目的はほぼ失われ、車両が直通しているに過ぎなかった。

1997（平成９）年３月22日のJRグループダイヤ改正は秋田新幹線開業、北越急行線開業に伴う改正で

あったが、485系の会社間の走行距離調整のため「白鳥」はJR西日本京都総合車両所（京キト、もと向日町運転所）担当になった。編成は485系９両で変わらないがなつかしい国鉄特急色となり、先頭車がボンネットのクハ481で多くファンを喜ばせた。

大阪〜青森間「白鳥」にとって最後の改正である1999（平成11）年12月４日の時刻は次の通り。

特急5001M〜5011M大阪10:12〜新潟16:22/16:29〜青森22:59

特急5012M〜5002M、青森6:11〜新潟12:17/12:34〜大阪19:06

大阪〜新潟間の「雷鳥」は改正前４往復だったが、この改正から２往復となり「白鳥」とあわせ３往復となった。大阪〜新潟間は特急で６時間10〜30分、12,370円。それに対する飛行機（伊丹発着）は１日５往復、片道21,100円だが事前購入割引、特定便割引を使えば割安で乗れる。列車に６時間も揺られることは時代にあわなくなってきた。新幹線東京経由は「のぞみ」利用なら乗り換え時間を含み５時間前後だが新幹線特急料金が上越と東海道で別計算（通算しない）のため割高で新潟〜大阪間22,360円（のぞみ利

「さよなら」の文字が書き加えられた特製ヘッドサインをつけた最終日の下り「白鳥」。大阪駅では「さよなら白鳥」の発車式が行われ、沿線ではファンのカメラの放列に送られて「白鳥」は走り去った。
◎信越本線　犀潟　2001（平成13）年３月２日　撮影：山田 亮

用)で飛行機より高く、東京に用事のある人に限られるであろう。

2001（平成13）年3月3日改正で「白鳥」は約40年の歴史を閉じ、大阪～金沢間「雷鳥」、金沢～新潟間「北越」、新潟～青森間「いなほ」に再編成された。それに先立ち2月23日（下り）から2両増結して11両となった。最終日の3月2日、筆者は青春18きっぷで横浜から直江津まで往路北越急行経由、復路長岡経由で日帰り往復し、最終日の上下「白鳥」をカメラに収めた。直江津駅には多くのファンが集まっていた。下り「白鳥」は犀潟で待ち構えたが「さよなら」の

文字を書き加えた特製ヘッドマークを掲げ11両編成で満席で走り去った。

改正前は新潟～青森間を直通する特急は「いなほ」1往復（1号新潟9:02～青森15:16、12号青森10:49～新潟17:20）と「白鳥」の2往復だったが、改正後は「白鳥」の時刻を踏襲した下り「いなほ9号」（新潟16:55～青森22:59）、上り「いなほ8号」（青森6:11～新潟12:17）の1往復だけになり青森で急行「はまなす」に接続した。新潟で「きたぐに」に接続していた1号は秋田止まりとなった。

09-3 その後の「日本海」「きたぐに」

ややさかのぼるが国鉄時代末期の1986年夏から夏休みなどにオートバイを運ぶマニ50型を連結しツーリングトレイン「日本海モトトレイン」サービスが始まった。（後に「モトとレール」に改称）このサービスは函館延長後も続き1998年夏まで続けられた。

大阪～新潟間の寝台特急「つるぎ」はJR西日本宮原客車区の24系25型で運転されていたが、利用の減少で1994（平成8）年12月改正で廃止された。片道（特急寝台料金込み）17,820円で同区間の飛行機20,300円（往復36,720円）と大差なくなったことが理由であろう。

函館発着「日本海1、4号」はB寝台だけの編成であったが、1998年12月から7月まで「瀬戸」に連結されていたシングルデラックス車オロネ25型300番台を連結した。2006年3月改正で、「日本海1、4号」は函館乗り入れがなくなり、「日本海」は2往復とも大阪～青森間となった。2008（平成20）年3月改正では1往復となった。廃止されたのは「日本海3、2号」のスジで、改正前の「日本海1、4号」のスジが残り北陸～東北北部間の利用に便利な列車が残った。車両も改正前の「日本海3、2号」の24系（JR東日本青森車両センター）となり、A寝台車オロネ24も残った。この改正時にオロネ24連結の急行「銀河」が廃止されたため、最後のオロネ24連結列車となり「きたぐに」のサロネ581とともに最後の開放型A寝台車となった。この改正時の「日本海」「きたぐに」時刻は次の通り。

（下り）
特急4001列車「日本海」大阪17:47～新津1:21/1:28

～青森8:34
急行501M「きたぐに」大阪23:27～新潟8:30（米原経由、新津～新潟間普通列車）
新潟から特急「いなほ1号」に接続（新潟8:33～秋田12:11）
（上り）
特急4002列車「日本海」青森19:33～新津2:26/2:28～大阪10:27
急行502M「きたぐに」新潟22:55～大阪6:49（米原経由）

2010（平成22）年3月13日のダイヤ改正で上野～金沢間寝台特急「北陸」、電車急行「能登」が廃止された。北陸新幹線金沢延長までは残るとみられていただけに意外であった。

2011（平成23）年3月11日に発生した東日本大震災で「日本海」は運休となったが、3月18日から運転が再開された。

09-4 さよなら「日本海」「きたぐに」

　2011（平成23）年12月16日、「日本海」「きたぐに」の廃止が発表され夜のNHKニュースで伝えられた。その日は筆者の勤務先の忘年会だったが、そのニュースを居酒屋のTVで見た時の衝撃は計り知れない。同年12月20日付け交通新聞は次のように伝える。『来年3月17日のダイヤ改正で日本海、きたぐに姿消す、利用者減と車両老朽化のため』『航空機や高速バスなどに利用がシフトしたほか、格安ホテルが増えたなどが響き、1日あたりの利用者数昨年度実績は日本海約130人、きたぐに120人とJR発足時に比べてそれぞれ4分の1、半分程度まで減少している。JR東日本、JR西日本の両社はゴールデンウィークやお盆年末年始などに一定の利用があることから、廃止後も両列車を多客期の臨時列車として運転する』

　2012年3月16日発車をもって「日本海」「きたぐに」は下り、上りとも廃止された。定期最終運行の「日本海」は下りがEF81 101（敦賀地域鉄道部敦賀運転センター）、上りがEF81 106（同）が牽引した。同年夏（お盆）の運転時は「日本海」は24系でB寝台だけ、「きたぐに」は583系でグリーン車とB寝台だけである。2012年夏の運転時刻は次の通り。

（下り）

特急8003（糸魚川〜青森間9003）列車「日本海」（8月10 〜 12日、16 〜 20日）

大阪20:38 〜新津4:41/4:43 〜青森12:42

急行8501M「きたぐに」（8月9 〜 19日）

大阪23:27 〜新潟6:54（湖西線経由）

（上り）

特急9004（糸魚川〜大阪間8004）列車「日本海」（8月9 〜 11日、15 〜 19日）

青森16:21 〜新津0:25/0:30 〜大阪10:27

急行8502M「きたぐに」（8月10 〜 20日）

新潟22:37 〜大阪6:49（湖西線経由）

　同年暮れから翌2013年初めの年末年始が「日本海」「きたぐに」の臨時列車としての最終運転である。運転時刻は2012年夏運転時と同じ（途中駅時刻は若干の修正あり）で、運転日は「日本海」が下り12月28 〜 30日、1月4〜6日、上り12月27 〜 29日、1月3〜5日。「きたぐに」が下り12月27日〜1月6日、上り12月28日から1月7日である。それ以降は「日本海」「きたぐに」とも運転されていない。

2012（平成24）年3月16日改正で廃止された「日本海」。廃止2週間前の大阪駅10・11番線には「さよなら鉄」が集まった。急行「きたぐに」も同時に廃止された。
◎東海道本線　大阪　2012（平成24）年3月3日　撮影：山田亮

特急「白鳥」「日本海」編成表

1961 (昭和36) 年10月1日改正時　特急2001D、2002D「白鳥」(日本海白鳥)、特急2003D、2004D「白鳥」(信越白鳥)

←大阪　| キハ82 | キロ80 | キロ80 | キシ80 | キハ80 | キハ80 | キハ82 |　青森、上野→

(信越白鳥) 上野→　青森→

(注) 大阪発着時の編成。大阪方が1号車。1～6号車(尾久所属)、大阪－上野間、直江津－上野間逆編成。7～12号車(向日町所属)、大阪－青森間

1963 (昭和38) 年4月20日改正時　特急2001D、2002D「白鳥」(日本海白鳥)、特急2003D、2004D「白鳥」(信越白鳥)

←大阪　| キハ82 | キハ80 | キシ80 | キハ82 | キハ80 | キロ80 | キロ80 | キハ82 |　青森、上野→

(信越白鳥) 青森→　(日本海白鳥)

(注) 1963年4月20日より「信越白鳥」も向日町所属になりキハ80を増結して7両編成となる。直江津－上野間逆編成。同年10月1日改正時より「日本海白鳥」も7両編成化

1965 (昭和40) 年10月1日改正時　特急2001D、2002D「白鳥」新潟－青森間逆編成

←大阪　| キハ82 | キハ80 | キハ82 | キハ80 | キシ80 | キロ80 | キハ82 |　青森→

新潟→

(注) 1965年10月1日改正時から「信越白鳥」は分離され「白鳥」(信越本線経由) として単独運転になる

1970 (昭和45) 年3月1日改正時　特急2001D、2002D「白鳥」新潟－青森間逆編成

←大阪　| キハ82 | キハ80 | キハ82 | キハ80 | キシ80 | キロ80 | キハ82 |　青森→

新潟→

(注) 全編成が大阪－青森間直通

1972 (昭和47) 年10月2日改正時　特急4001M、4002M「白鳥」新潟－青森間編成

←大阪　| クハ481 | モハ485 | モハ484 | サシ481 | モハ485 | モハ484 | サロ481 | クハ481 |　青森→

(注) 大阪発着時の編成。大阪－新潟間は大阪方が1号車　青森運転所所属でサロ2両入りの「白鳥」専用編成

1978 (昭和53) 年10月2日改正時　特急4001M、4002M「白鳥」新潟－青森間自由席設定

←大阪　| クハ481 | モハ485 | モハ484 | サシ481 | サロ481 | モハ485 | モハ484 | クハ481 |　青森→

　　　　　　　　自由席　　　　　　　　　　　　　　　　自由席

(注) 大阪発着時の編成。大阪－新潟間は大阪方が12号車

1985 (昭和60) 年3月14日改正時　特急4001M、4002M「白鳥」新潟－青森間編成

←大阪　| クハ481 | モハ484 | モハ485 | モハ484 | モハ485 | クハ481 |　青森→

　　　　　　　自由席　　　　　　　　　　　　　自由席

(注) 向日町運転所所属で「雷鳥」と共通の編成。

1997 (平成9) 年3月22日改正時　特急5001M～5011M、5012M～5002M「白鳥」新潟－青森間編成

←大阪　| クハ481 | モハ484 | モハ485 | サロ481 | モハ484 | モハ485 | クハ481 |　青森→

　　　　　　　自由席　　　　　　　　　　　　　　　自由席

(注) 京都総合車両所 (もと向日町運転所) 所属で国鉄特急色。両端はボンネット型クハ481で「白鳥」有終の美を飾る

(以上)

1968 (昭和43) 年10月1日改正時　特急2001、2002列車「日本海」

←大阪　カニ21｜ナハネ20｜ナハネ20｜ナシ20｜ナハネ20｜ナハネ20｜ナハネ20｜ナロネ20　青森→

(注) 電源車はマニ20の場合あり。電源車及びマニ20の場合あり（下り2号、上り1号）と共通として作業の合理化を図る。

1969 (昭和44) 年10月1日改正時　特急2001、2002列車「日本海」

←大阪　カニ21｜ナロネ21｜ナハネ20｜ナハネ20｜ナシ20｜ナハネ20｜ナハネ20｜ナハネ20｜ナロネ20　青森→

(注) 電源車はマニ20、12号車はナハネフ21の場合あり。

1975 (昭和50) 年3月15日改正時　特急4001列車「日本海2号」、4002列車「日本海1号」

←大阪　スハネフ14｜オハネ14｜オハネ14｜スハネフ14｜スハネフ14｜オハネ14｜オハネ14｜スハネフ14　青森→

(注) 早岐客車区の14系寝台車13両編成。「あかつき」「明星」と共通の広域運用。

1978 (昭和53) 年10月2日改正時　特急4001列車「日本海1号」、4004列車「日本海4号」

←大阪　オハネフ25｜オハネ25｜オハネ25｜オハネ25｜オハネ25｜オハネ25｜オハネフ25　青森→

特急4003列車「日本海3号」、4002列車「日本海2号」

←大阪　オハネフ24｜オハネ24｜オハネ24｜オハネ24｜オハネ24｜オハネ24｜オハネフ24　青森→

(注) 1980年10月改正時から1号車はオロネ24からオハネフ24に変更

1988 (昭和63) 年3月13日改正時　特急4001列車「日本海1号」、4004列車「日本海4号」　青森−函館間逆編成

←大阪　カニ24｜オハネフ25｜オハネ25｜オハネ25｜オハネ25｜オハネ25｜オハネフ25　函館→（青森→）

特急4003列車「日本海3号」、4002列車「日本海2号」

←大阪　カニ24｜オハネフ24｜オハネ24｜オハネ24｜オハネ24｜オハネ24｜カニ24　青森→

1990 (平成2) 年9月（上り2、下り3日）から「日本海3号」「日本海2号」は編成全体が方向転換され次の編成になる

←大阪　オハネフ24｜オハネ24｜オハネ24｜オハネ24｜オハネ24｜オハネフ24｜カニ24　青森→

(注) 号車番号が1号車で従来と変わらず

1998 (平成10) 年12月（下り7、上り8日）から「日本海1号」「日本海4号」は次の編成になる　青森−函館間逆編成

←大阪　カニ24｜オハネフ25｜オハネ25｜オハネ25｜オハネフ25｜オハネ25｜オハネフ25　函館→（青森→）

(注) 1号車はオロネ25型300番台で1人用個室「シングルデラックス」

急行「日本海」「きたぐに」編成表

1955 (昭和30) 年7月1日、急行501列車「日本海」

←大阪秋田　マニ74｜スユ42｜スロ50｜オロ36｜スハシ38｜スハ43｜スハ43｜スハ43｜スハフ42｜スハフ42｜マロネロ38　青森→

←大阪　富山→

指定席　　自由席　　半車食堂

1959 (昭和34) 年5月5日、急行501列車「日本海」

←大阪　マニ60｜スユ42｜マロネフ29｜ナハ10｜スロ50｜オロ35｜スハネ38｜ナハ11｜ナハ11｜ナハ11｜ナハ11｜ナハフ11　青森→
（富山→　／　半室食堂　／　指定席　／　自由席　／　大阪秋田）

1961 (昭和36) 年12月11日、急行502列車「日本海」逆編成

←大阪　オユ10｜スロ50｜オハ61｜スハ17｜スハ30｜スハ43｜スハ43｜スハ43｜スハフ42｜スハフ42｜スハフ42　青森→
（指定席　／　自由席　／　食堂車　／　新潟→　／　大阪秋田）

1968 (昭和43) 年7月9日、急行501列車「日本海」

←大阪　オユ10｜スロ62｜スハ16｜オシ17｜ナハ10｜ナハ10｜オハ46｜ナハフ11｜オロネ10｜スハネ16｜オハネ12　青森→
（指定席　／　食堂車　／　自由席　／　新潟→）

1968 (昭和43) 年7月9日、急行502列車「日本海」逆編成

←大阪　オユ10｜スロ62｜スハ43｜オシ17｜ナハ10｜ナハ12｜スハフ42｜スハフ42｜オロネ12｜スハネ16｜オハネ12　青森→
（指定席　／　食堂車　／　自由席　／　新潟→）

(注) 2等車を1両増結。大阪−新潟間15両編成で「日本海」最長記録。

1972 (昭和47) 年10月2日、急行501列車「きたぐに」

←大阪　オユ10｜スロ54｜スハ43｜オシ17｜オハ46｜ナハフ11｜スハフ42｜オロネ12｜スハネ16｜オハネ12　青森→
（指定席　／　食堂車　／　大阪秋田）

(注) 北陸トンネル火災事故の1か月前で食堂車を連結。

1974 (昭和49) 年7月9日、急行502列車「きたぐに」新潟−青森間逆編成

←大阪　オユ10｜スロ54｜オハ12｜ナハフ13｜オハ12｜スハフ12｜スハフ12｜オハネ12｜スハネ16｜オハネ12　青森→
（指定席）

1974 (昭和49) 年7月9日、急行501列車「きたぐに」新潟−青森間逆編成

←大阪　オユ10｜スロ54｜オハ12｜ナハフ13｜オハ12｜スハフ12｜スハフ12｜オロネ12｜スハネ16｜オハネ12　青森→
（指定席　／　新潟→）

(注) 下り501列車は大阪方に荷物車を金沢まで連結。1973年10月から普通車は12系客車になる。

1978 (昭和53) 年5月20日、急行501列車「きたぐに」新潟−青森間逆編成

←大阪　マニ37｜オハ12｜スロ62｜スハフ12｜オハ12｜オハ12｜オハフ15｜スハネ14｜オロネ14｜オハネ14｜スハネ14｜オロネ14｜オハネ14｜オハネ12　青森→
（指定席　／　上り指定席　／　新潟→）

(注) 大阪方マニ37は下り501列車の大阪−金沢間に連結。

(注) 1984年2月改正時から郵便車スユ16は不連結。

1983 (昭和58) 年11月18日、急行502列車「きたぐに」

←大阪　スユ16｜スハネ14｜オハネ14｜オハネ14｜オハ14｜オハ14｜オハ14｜スハネ14｜オロネ14｜オハネ14｜スハ14　新潟→
（自由席　／　指定席）

(注) 1984年2月改正時　急行501M、502M「きたぐに」

1985 (昭和60) 年3月14日改正時　急行501M、502M「きたぐに」

←大阪　クハネ581｜モハネ582｜モハネ583｜サロ581｜モハネ582｜モハネ583｜モハネ582｜モハネ583｜サロ581｜モハネ582｜モハネ583｜クハネ581　新潟→
（自由席　／　自由席）

(注) 1. 12号車はクハネ583の場合あり。1〜5号車は連結せず自由席車。

1986 (昭和61) 年11月1日改正時　急行501M、502M「きたぐに」

←大阪　クハネ581｜モハネ582｜モハネ583｜サロ581｜モハネ582｜モハネ583｜モハネ582｜モハネ583｜サロ581｜モハネ582｜モハネ583｜クハネ581　新潟→
（自由席　／　自由席）

(注) 1. 10号車はクハネ583の場合あり。1〜4号車は連結せず自由席車。

1969（昭和44）年3月の北陸本線時刻表（一部）

1969（昭和44）年3月の交通公社小型時刻表。「43-10」改正ダイヤで特急「日本海」が登場。昼行特急は「白鳥」のほか「雷鳥」「しらさぎ」があり、北陸本線も特急街道になった。大阪～新潟間に夜行鈍行列車が残っている。

60

富　山　—　直江津　（北陸本線・下り）

本表の他　金沢一津幡
七尾線　143頁参照

北陸本線 [下り]・越美北線・氷見線・富山港線

富山 3M	富山 503M	金沢 6503M	糸魚川 249	金沢 2402D	金沢 6201M	富山 505M	上野 6602	金沢 6203M	敦賀 1223	敦賀 1229	金沢 1505M	金沢 1701M	富山 2005M	金沢 205M	青森 2001	青森 501	新潟 525	駅名
	1330	1400	…	急1	◆1607		1530	1728	1731	2226	1650	1800	急1	1930	2045	2217	大阪
1315	1407	1437	…				1607		1742	2236	1724	1832	1922	2005	2128	2306	京都
422	1505	1535	1443	大社1	1617	1704		1736	1748	2242	1828	1904	2026	2059	2252	045	原
寺1	1453	1459	1453		くずりゅう3号	1712	急1		1807	2259	1835		2033	2304	2309	056	米原
			1524	036米子発	立山3号		福井発6月15日まで	くずりゅう4号	1812	2304	特1雷鳥3号	兼六	2100	特1日本海	急1	102	長浜
453	1537	1608	1552	1628	1648	1741		1807	1834	2327	1903	1937	1953	2145	2342	137	敦賀
454	1538	1608	1612	1640	1652	1743	1808		1903	1938	1953	2101	2146	2346	145	今庄
	1638	12指	1.2	1919	1954			205	鯖江
きぎ2号	1605	1637	1648	1700	1711	1727	1810	上野行	1838	2006	1932	2017	2128	022	222	武生
529	1621	1652	1707	1717	1730	1733	1815	604	1843	2011	1937	2022	2133	040	229	福井
530	1623	1654	1726	1730	1745	1826	1855	1920	1947	2023	2032	2144	2228	045	243	森田
543	1637	1707	1734	1731	1747	1827	1835	1856	1948	2023	2145	2229	250	丸岡
553	1648	1720	1807	1745	1800	1841	1851	1910	1938	2001	2036	2044	2158	301	金津
559	1656	1727	1814	1756	1811	1852	1904	1922	1953	2012	2047	2054	2209	309	細呂木
607	1701	1733	1829	1840	1803	1818	1858	1914	1929	2003	2020	2053	2100	2216	314	大聖寺
1707	1739	1848	1809	1823	1904	1921	1934	2010	2025	2059	2221	325	動橋
全	1707	1857	1815	1829	1910	1929	1941	2018	2031	2113	2109	2227	336	粟津
	1904	1934	1943		★	北陸1号	越前	寝台列車	きたぐに	137	343	小松
	1943															351	寺井
526	1729	1800	1949	1838	1852	1931	1955	2003	2046	2053	2136	2129	2249	2327	206	430	金沢
528	1731	2019	1340D城端発1454	3月1718↓1921	1933	1958	6月1日までの毎日と6月7日29日の	2015	2057	ゆのくに4号	1328城端発1657	2131	2258	2330	214	439	本津幡
	1743	2029					2010	2110		2310	227	456	津幡
	1753	2036					2022	2122			2320	511	石動
658	1806	2051	1955	2007	2037	2041		1750	2202	2333	004	254	530	高岡
659	1806	2109	1546		2038	2055	2056	2140	1754	2202	2334	005	541	呉羽
	1822	2112	1549	2008	2054	2113	2159	1824	2218	2350	021	314	559	富山
714	自	2129	1607	2025					1831				606	東富山
		2135	1613			2121	2208	2355	024	324	621	滑川
	2147		2101	2225			347	魚津
	2157	2125	2235	名古屋着 708D	639	黒部
	2209	2133	2242	533		650	生地
	2222	2214	2301			657	泊
	2230				719	市振
	2251	221D	2218			731	親不知
	2301		2246			740	糸魚川
	2310	2254				805	能生
	2324			223	552	筒石
	2313		2309	2338	029		825	名立
	2322		上越線経由	11等両車	信越線経由	のりくら7号	Bで新潟まで	839	郷
	2336							849	直江津着
	2352							906	
	2359							914	終
				554	634	703	1150	1832	1412	列車番号の

泊行米原発 625．福井発1534．糸魚川行福井発1330．敦賀発1510．米原発1443
直江津行敦賀発 634．福井発1116．長岡行小松発 659．米原発1142．米原発長野行 938

1969（昭和44）年3月の奥羽本線・羽越本線時刻表（一部）※羽越本線は2月

○奥羽本線の急行列車から北海道内の急行列車に乗り継ぐ場合には、北海道内の急行料金が割引きされます。（249頁参照）

奥羽本線下り（その1）・羽越本線下り

44.3.16 訂補　福島──山形──秋田──　　大館──

キロ数	駅名		1441	108D	623	623D	441	2713D	627	629	401	6401	823	521D	615D	403	2001	1443	405	621D	523D	403D
	上野	発	…	…	…	…	…	…	…	…	1935	2004			2115		…	…	2222	…	…	2308

新津──新潟──新発田──　酒田──

キロ数	駅名		221D	801	2001	829	6801	921D	1835	833	811D	612D	2711D	835	621D	501	927D	929D	821	839	931D

青　森（その1）（奥羽本線・下り）　　次頁へつづく

東京発 730→

奥羽本線 下り（その1）・羽越本線 下り

3N	1445	2711D	711D	447	1421	421	612D	423	425	1D	401D	427	駅名
50	…	も千秋1号がみ	急[1]「千秋1号」仙台発（陸羽東線経由）	…	712庭坂着 525	2239	614新潟発 659	813 913	947 1030	1100 レ	1112 急[1]	1225 1318	上野 福島 板谷峠
	…			…				930	1038	レ	1230★	1343	米沢
48	…	800		640			707	930 805	1018	1156	1230	1430	米沢
57	…	809		653				1011	1020	レ	1245	1444	湯目山
04	…	817		701 6527D 土曜運転			805 828	1018 1026	1034 1044	1245	1309	1506	赤湯 上王山蔵王
22	655	837		728			900	1046	1112	1234	1321	1538	山形
35	707 714	急 849		737 744			909 917	1100	1120 1127	1249	1340	1547 1554	千歳町
	728	856	754	1255	929	1111	1139		1236	1324	1608	天童	
4号	738	レ	806	1308	940	仙台着 1235	1148		1249	1340	1619	神根岡	
	800	910	819	1326	954	急あさひ1号	1200	つ ば さ 1号		1632	北楯		
	808	レ	827	1344	1004		1207			1642	石庄		
	815	921	833	1349	1011		1214		1355	1656	室新庄		
	820	925	838		1020		1219		1334	1715	真院		
	X	939	858		1039		1236		1438	1800	室		
		1012	1010	927	1123		1310			新庄			
ID	1740 1801 1820	急たざわ1号 2指	1728 1738 1753			(花輪経線由)盛岡着 2005						安比	三戸

羽田（羽越本線・下り）　（本表の他　余目－酒田間　陸羽西線204頁参照）

羽越本線には特急「白鳥」「日本海」急行「きたぐに」「しらゆき」がある。奥羽本線には特急「つばさ」急行「津軽」「おが」があり、日本最長距離の上野発奥羽本線経由青森行も運転されている。

63

1969（昭和44）年3月の上越線時刻表

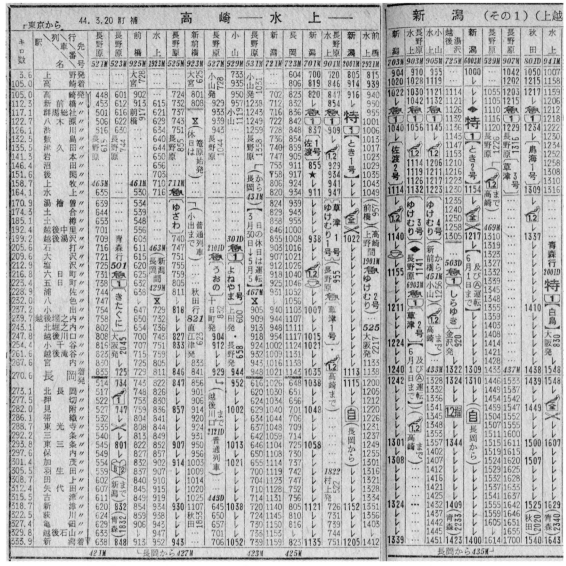

長岡～新潟間には急行「きたぐに」「しらゆき」特急「白鳥」が走り、新潟で向きが変わり白新線経由で青森へ向かう。「とき」は上野～新潟間を4時間運転になっている。

第2章
「白鳥」「日本海」「きたぐに」の写真記録

DD51重連牽引の20系特急「日本海」。秋田〜青森間は1971（昭和46）年10月から電化され、「日本海」「きたぐに」なども秋田〜青森間ED75型700番台の牽引になった。電化を控えすでに架線が張られている。
◎奥羽本線　八郎潟〜鯉川　1971（昭和46）年8月7日　撮影：林 嶢

白鳥

日本一長いホームといわれた京都駅1番線から発車するディーゼル時代の下り「白鳥」。手前側（編成の大阪方）が上野行。画面後方（編成の青森方）が青森行。82系14両編成は全長295.4m（1両21.1m）で電車特急（12両編成）より長く壮観だった。
◎東海道本線　京都　1965（昭和40）年3月　撮影：辻阪昭浩

貫通型クハ481型200番台を先頭にした下り「白鳥」。青森運転所（盛アオ）所属の485系13両で、グリーン車が2両入った「白鳥」専用編成。先頭車の列車表示は絵入りではなく「白鳥」の文字だけである。写真後方（左奥）には島本駅が2008（平成20）年3月に開設された。◎東海道本線　高槻～山崎　1977（昭和52）年8月　撮影：隅田 衷

金沢を発車する「白鳥」。北陸本線。
◎金沢　1962（昭和37）年7月　撮影：辻阪昭浩

山形・秋田県境に近い吹浦～女鹿間を行く上り「白鳥」。1984（昭和59）年11月から食堂車が外され、1985年3月改正時から向日町運転所（大ムコ）の485系10両編成となり、座席車だけの平凡な編成になった。両端はボンネットスタイルのクハ481である。日本海の青と国鉄特急色が見事に調和している。
◎羽越本線　吹浦～女鹿
1985（昭和60）年7月　撮影：隅田 衷

新潟色グレードアップ編成の下り「白鳥」。1990（平成２）年３月改正時から「白鳥」は上沼垂運転区のグレードアップ編成に
なり、塗色もホワイトと緑の濃淡になった。このグレードアップ編成はJR東日本担当の「雷鳥」「北越」にも使用された。
◎東海道本線　高槻～山崎　1990（平成２）年９月　撮影：山田 亮

日野川鉄橋を渡る下り「白鳥」。485系
13両で、北陸本線内では青森運転所所
属の東北編成は「白鳥」だけだった。
写真には写っていないが、背後の家並
みの後ろには福井鉄道（福鉄）が通って
いる。
◎北陸本線　武生〜鯖江
1976（昭和51）年5月　撮影：山田 亮

上り「白鳥」から撮影した通過する下り「白鳥」との交換風景。能生に運転停車している上り「白鳥」の乗員ドアの窓を開けて撮影。
当時は乗務員に断れば運転台に立ち入ることができた「よき時代」でもあった。
◎北陸本線　能生　1965（昭和40）年2月　撮影：辻阪昭浩

「まぼろしの特急停車」で話題になった北陸本線能生での交換風景。上り「白鳥」（写真右）が運転停車して下り「白鳥」が通過する。
◎北陸本線　能生　1964（昭和39）年頃　撮影：辻阪昭浩

「白鳥」は1986(昭和61)年11月改正時から上沼垂運転区(新カヌ)の担当になり、JR発足時からはJR東日本(上沼垂)の担当になり、国鉄色の485系が使用された。1990(平成2)年3月から上沼垂のグレードアップ編成(アイボリーと緑の濃淡塗装)になった。◎北陸本線　倶利伽羅～石動　1989(平成元)年8月25日　撮影：太田正行

石川、富山県境の倶利伽羅峠ですれ違う上り名古屋行「しらさぎ8号」(左)と下り青森行「白鳥」(右)。
◎北陸本線　倶利伽羅～石動　1984(昭和56)年5月14日　撮影：太田正行

糸魚川西方の東洋活性白土専用線との分岐点付近を行く上りディーゼル特急「白鳥」と専用線のタンク車。東洋活性白土専用線は軌間610mmの軽便(ナロー)鉄道で東洋活性白土糸魚川工場と糸魚川駅を結び、小さな軽便SLが運行され、軽便鉄道ファンの注目を浴びたが1982年秋に工場が閉鎖され、専用線も廃止された。
◎北陸本線　糸魚川～青海
1972(昭和47)年5月5日
撮影：荒川好夫(RGG)

絶壁が日本海に迫る難所親不知
を行くディーゼル特急「白鳥」。
線路の上に国道8号線が平行し
ている。この区間はトンネルと
トンネルの間から親不知の奇勝
を眺められたが1965年10月に
親不知トンネルが建設され、こ
の光景は車窓から姿を消した。
◎北陸本線　風波信号場～市振
1963 (昭和38) 年7月21日
撮影：荒川好夫 (RGG)

能生で運転停車中の上り「白鳥」運転台から撮影した下り「白鳥」（通過）との交換風景。乗務員の了解を得れば運転台に立ち入ってこのような写真を撮ることもできた。今では考えられないことで、のんびりした時代だった。
◎北陸本線　能生　1965（昭和40）年2月　撮影：辻阪昭浩

名立で普通列車と交換する上り「白鳥」。写真左側にはD51牽引の敦賀発直江津行普通229列車が交換待ちしている。この229列車はこの先の谷浜で下り「白鳥」を待避する。名立は1969（昭和44）年9月に新線に切り替えられ、駅も移転した。
◎北陸本線　名立　1968（昭和43）年3月　撮影：隅田 衷

非電化単線時代の谷浜を通過する下り「白鳥」。写真右側は「白鳥」を待避する敦賀発直江津行普通229列車（D51牽引）。左側は交換待ちの上り貨物列車。普通229列車は名立で上り「白鳥」と交換し、谷浜で18分停車して下り「白鳥」を待避する。谷浜は1969（昭和44）年10月の複線電化時も線路は移設されず、駅の位置も変わらなかった。
◎北陸本線　谷浜
1968（昭和43）年3月
撮影：隅田 衷

ボンネットスタイルのクハ481を先頭
にした最終日の上り「白鳥」。1997（平
成9）年3月から「白鳥」はJR西日本
京都総合車両所（京キト、以前の向日
町運転所）担当となり、懐かしい国鉄
特急色の485系となった。先頭車には
ボンネットスタイルのクハ481が入る
ことが多くファンの喝采をあびた。直
江津駅には多くのファンが集まり、最
後の「白鳥」を見送った。
◎北陸本線　直江津
2001（平成13）年3月2日
撮影：山田 亮

上野発「白鳥」が13時54分に直江津に
到着し、客扱い終了後に転線して写真手
前（右側）の青森発「白鳥」に連結される。
◎北陸本線　直江津
1962（昭和37）年8月　撮影：辻阪昭浩

上野発の「白鳥」（左側）と
青森発（右側）の併結作業。
◎北陸本線　直江津
1962（昭和37）年8月
撮影：辻阪昭浩

14時01分に青森発の「白鳥」が到着し
前面貫通ドアを開き、先に到着していた
上野発「白鳥」との連結作業を待つ。
◎北陸本線　直江津
1962（昭和37）年8月　撮影：辻阪昭浩

引き通し線・ブレーキ管などをつなぎ、貫通幌を接続して連結作業完了。貫通路は通り抜けができた。
◎北陸本線　直江津　1962（昭和37）年８月　撮影：辻阪昭浩

連結作業を完了して12両編成になり、14時07分に大阪へ向けて出発する上り「白鳥」。
◎北陸本線　直江津　1962（昭和37）年８月　撮影：辻阪昭浩

日本海に沿って走る上り「白鳥」。写真後方の左側に米山駅が見える。このあたりの日本海は遠浅の砂浜が続き、夏は海水浴場になる。◎信越本線　笠島〜米山　1964（昭和39）年11月　撮影：辻阪昭浩

羽越本線走行中の下り「白鳥」食堂車内。夏の多客期で北海道へ向かう若い乗客でにぎわっている。
◎羽越本線内　1974（昭和49）年8月　撮影：山田 亮

撮影名所鯨波海岸を行く上り「白鳥」。JR東日本（上沼垂運転区）持ちで国鉄特急色の485系9両。先頭は北海道で運行されていたクハ481型1500番台。◎信越本線　鯨波～青海川　1987（昭和62）年9月6日　撮影：佐藤利生

冬の越後を走る雪まみれの上り「白鳥2号」。1982（昭和57）年11月改正から「白鳥」は2往復になったが、下り3号、上り2号が大阪～青森間の本来の「白鳥」である。「白鳥」下り3号、上り2号は1982年11月改正以降も485系12両、食堂車付きで運転された。◎信越本線　塚山～長鳥　1984（昭和59）年1月　撮影：隅田 衷

新潟で向きが変わった上り「白鳥」。先頭車は前面貫通型のクハ481−200番台。新潟で逆編成になるため、上り列車では新潟以南ではグリーン車は後部になる。◎信越本線　矢代田〜田上　1977（昭和52）年８月　撮影：山田 亮

1978（昭和53）年10月から正面が絵入りマークになった「白鳥」。先頭は前面非貫通のクハ481-300番台。
◎信越本線　荻川〜亀田　1979（昭和54）年９月　撮影：山田 亮

塚山峠を越える上り「白鳥」の俯瞰撮影。485系12両で食堂車が連結されている。この付近には現在ヨネックス（株）の工場がある。◎信越本線　長鳥〜塚山　1981（昭和56）年4月　撮影：隅田 衷

名勝笹川流れを行く上り82系ディーゼル特急「白鳥」。変岩奇岩が続く笹川流れは越後早川付近から五十川付近まで約40kmにわたって車窓に展開する。この付近は特急より普通列車でのんびり旅をするのがよい。
◎羽越本線　桑川〜今川　1972（昭和47）年7月24日　撮影：荒川好夫（RGG）

羽越本線北部の象潟海岸に沿って走るキハ82系13両編成の上り「白鳥」。1970（昭和45）年3月から「白鳥」は13両すべてが大阪〜青森間となり壮観であった。グリーン車2両が長距離特急の風格を伝えていた。手前側を国道7号が平行している。
◎羽越本線　上浜〜小砂川　1972（昭和47）年7月24日　撮影：荒川好夫（RGG）

笹川流れに近づく上りディーゼル特急「白鳥」。背後は府屋漁港。この区間は旧線で電化時に新線に切り替えられた。
◎羽越本線　府屋〜勝木　1972（昭和47）年4月8日　撮影：林 嶢

秋田を発車するグレードアップ編成による上り「白鳥」。上沼垂運転区の「白鳥」「雷鳥」「北越」用485系のグレードアップ化は1988（昭和63）年から始まり、1990（平成2）年3月改正時から上沼垂担当の「白鳥」「雷鳥」「北越」のグレードアップ化が完了し、アイボリーと緑の濃淡塗装になった。◎羽越本線　秋田　1989（平成元）年12月　撮影：山田 亮

秋田を発車して羽越本線に向かう上り「白鳥」。秋田名物「特急の同時発車」も頭を揃えて発車することは3回に1回くらいで、はるか後方に「つばさ」が見える。写真後方の右側に秋田駅構内があり、機関区と客車区が見える。青森発着「白鳥」は正式には1963（昭和38）年10月から7両化されたが、2両目にピカピカのキハ80新車が連結され、7月から7両化されたことがわかる。◎奥羽本線　秋田　1963（昭和38）年7月　撮影：辻阪昭浩

北海道用485系1500番台を先行使用した上り「白鳥」。先頭はクハ481-1500番台で前照灯が運転室上の前照灯が2個（二つ目玉）になっている。北海道用の車両のため先頭車の行先表示器には「白鳥」がないことから、「白鳥」のステッカーが貼ってある。◎奥羽本線　八郎潟　1974（昭和49）年8月　撮影：山田 亮

大阪から1000kmを走破して青森に到着したディーゼル「白鳥」。青森のホームは雪で凍てついている。
◎奥羽本線　青森　1969（昭和44）年12月　撮影：山田 亮

青函連絡船夜行便に接続し、早朝の青森駅4番線で発車を待つ上り「白鳥」。485系1000番台で先頭はクハ481-1018（青森運転所）。青森発車時は前方（大阪方）3両が自由席である。1970年代後半以降は青森から大阪まで乗り通す乗客は少なくなった。
◎奥羽本線　青森
1981（昭和56）年12月
撮影：山田 亮

1972（昭和47）年10月の日本海縦貫線電化で電車化された、485系13両の上り「白鳥」。先頭は北海道用のクハ481-1500番台を先行使用した。グリーン車2両連結の「白鳥」専用編成。この付近は庄内平野の水田が広がり、晴れていれば月山が見える。
◎羽越本線　鶴岡〜羽前大山
1974（昭和49）年7月
撮影：山田 亮

札幌からの夜行急行「はまなす」から接続する上り「白鳥」。先頭はボンネットスタイルのクハ481 100番台。「白鳥」は1997（平成9）年3月からJR西日本（京都総合車両所）持ちになった。右は東北本線北部に投入されたロングシート701系1000番台。
◎奥羽本線　青森　1997（平成9）年4月5日　撮影：佐藤利生

日本海

上淀川橋梁を渡り大阪へ近づくEF81牽引の上り「日本海2号」。JR東日本（青森）担当の24系だが、24系24型と24系25型の混成である。「日本海」は2往復とも新幹線接続のため新大阪に停車した。
◎東海道本線　新大阪～大阪　2005（平成17）年9月18日　撮影：太田正行

EF81 102（敦賀運転派出）牽引の上り「日本海4号」。この列車のスジが2008（平成20）年3月改正時から「日本海」として残った。◎東海道本線　千里丘〜岸辺　2008（平成20）1月19日　撮影：佐藤利生

EF81牽引の上り「日本海1号」。14系寝台車は関西〜九州間寝台特急の広域運用で、門司局早岐客貨車区（門ハイ）の所属である。1975（昭和50）年3月の湖西線開通時から関西でもEF81が見られるようになった。
◎東海道本線　摂津富田〜茨木　1976（昭和51）年5月　撮影：山田 亮

トワイライト塗装のEF81に牽引された上り「日本海4号」。トワイライト塗装のEF81が「日本海」を牽引することもあった。
◎東海道本線　山崎〜高槻
1990（平成2）年9月　撮影：山田 亮

新疋田駅を通過する24系25型客車の上り「日本海4号」。「日本海4号」は金沢付近で朝を迎え、大阪まで3時間以上走り続けたが、昼の寝台車に座り続けるのは退屈で、下段寝台に横になっている乗客も少なくなかった。
◎北陸本線　新疋田　2001（平成13）年3月　撮影：山田 亮

EF81 101（敦賀運転派出）が牽引する上り函館発「日本海4号」。24系25型で電源車の次位は「瀬戸」から転用されたオロネ25型300番台で側面の帯が金（ゴールド）である。新疋田は構内が広く、午前中は上り列車に対し順光で架線柱に邪魔されずに列車撮影ができた。◎北陸本線　新疋田　2001（平成13）年3月　撮影：山田 亮

雪におおわれた敦賀に到着した20系下り特急「日本海」。最後部カニ21が「雪化粧」している。20系客車の「日本海」（定期列車）
は1968（昭和43）年10月から1975（昭和50）年3月まで6年半続いた。
◎北陸本線　敦賀　1975（昭和50）年2月17日　撮影：荒川好夫（RGG）

九頭竜川鉄橋を渡るEF81 108（敦賀運転センター）牽引の上り「日本海」。客車は24系24型と25型の混成である。金沢付近
で夜が明け、大阪まで3時間以上「ヒルネ」状態で延々と走り続ける。
◎北陸本線　森田～福井　2010（平成22）年7月25日　撮影：佐藤利生

雨の金沢に到着するＥＦ81牽引「日本海４号」。金沢駅が高架化される前の地上駅時代で、構内は広く駅の裏側には車両基地が広がっている。◎北陸本線　金沢　1980（昭和55）年８月　撮影：山田亮

高岡を発車する24系25型の「日本海４号」。ここから大阪まで４時間、退屈な昼の寝台車の旅が続く。二段式Ｂ寝台車は寝台の解体作業がなく、自分の寝台を降りるまで「自由」に使えるため、そのまま横になっている乗客も多かった。北陸線内ではいわゆる「ヒルネ」（寝台車に寝台券なしで乗れる）扱いはなかった。
◎北陸本線　高岡　1987（昭和62）年８月５日　撮影：太田正行

EF81 45（敦賀運転派出）が牽引する上り「日本海4号」。日本海1号と4号は北陸3県で利用しやすい時間帯で北陸と東北北部、北海道との連絡が主目的だった。編成は24系25型二段式B寝台車だけで平凡だったが、1998年12月からA個室寝台車オロネ25型300番台を連結した。◎北陸本線　高岡　1987（昭和62）年8月5日　撮影：太田正行

夏の日本海沿いに走るローズピンク色のEF81 115（富山第二機関区）が牽引する下り「日本海3号」。1985（昭和60）年3月時点では「日本海」は2往復とも24系25型で二段式B寝台だけの編成だった。
◎羽越本線　吹浦〜女鹿　1985（昭和60）年7月　撮影：隅田 衷

日本海縦貫線の電化を控え架線が張られた羽越本線を行くDD51 512（東新潟機関区）牽引の下り特急「日本海」。機関車次位は座席車ナハフ20を寝台車に改造したナハネフ20型。羽越本線北部の海岸線は松林が多く穏やかな海岸で、奇岩の多い南部とは違った海岸風景である。◎羽越本線　小砂川〜上浜　1972（昭和47）年7月24日　撮影：荒川好夫（RGG）

EF81 21（富山第二機関区）牽引の20系「日本海」。機関車次位はナハフ21改造の貫通型ナハネフ21。右側に国道７号が平行している。1973（昭和48）年頃から寝台特急のヘッドマークが一部を除いて外され、特急らしさがなくなった。
◎羽越本線　上浜〜象潟　1973（昭和48）年８月　撮影：山田 亮

特急「日本海」の荷物室付き電源車カニ21。このあたりは海に近いが小高い丘を縫うようにして走る。
◎羽越本線　上浜〜象潟　1973（昭和48）年８月　撮影：山田 亮

EF81 101（敦賀運転派出）牽引の「日本海3号」。客車は青森車両センター（JR東日本）の24系24型で、カニ24、オロネ24の順である。◎羽越本線　象潟　1993（平成5）年6月13日　撮影：太田正行

EF81 49（酒田機関区）牽引の臨時特急「日本海51号」。1972（昭和47）年10月の運転開始時は12系客車（特急料金100円引き）の座席特急だったが、1973（昭和48）年から14系客車になった。
◎羽越本線　上浜〜象潟　1973（昭和48）年8月　撮影：山田 亮

奥羽北線と呼ばれる秋田〜青森間は1971 (昭和46) 年10月に電化され、ED75 700番台が投入された。ED75 700番台が牽引する下り特急「日本海」。背後の田園の奥には八郎潟の干拓地が広がる。八郎潟はかつて琵琶湖に次ぐ日本で2番目に広い湖であったが、1957 (昭和32) 年から20年かけて干拓され、広大な農地に生まれ変わった。
◎奥羽本線　八郎潟〜鯉川　1972 (昭和47) 年7月23日　撮影：荒川好夫 (RGG)

田んぼに雪が積もった雪原を走るED75 757（秋田機関区）牽引の「日本海3号」。14系寝台車は早岐（九州）所属で南国から北国までの広域運用である。◎奥羽本線　下川沿〜大館　1978（昭和53）年3月　撮影：山田 亮

下り「日本海3号」の14系寝台車。最後部はスハネフ14。門司局早岐客貨車区（門ハイ）所属の広域運用でファンの間では話題になったが、山陽、九州方面のダイヤ混乱が波及することがあり、その理由である「車両運用」を理解できる乗客は皆無で、担当職員は説明に窮した。◎奥羽本線　下川沿〜大館　1978（昭和53）年3月　撮影：山田 亮

矢立峠の迂回線トンネルをでるトワイライト塗装ＥＦ81 104（敦賀運転所）牽引の「日本海３号」。この場所は架線柱に邪魔されずに撮れる「お立ち台」で、天気のよい日は多くの「撮り鉄」が集まった。
◎奥羽本線　白沢〜陣場　1993（平成５）年12月　撮影：隅田 衷

トンネルをでて白沢構内にさしかかるローズピンク色EF81 107（敦賀運転センター）牽引の下り「日本海」。客車は24系だが「あさかぜ」「はくつる」に使用されていたアコモデーションが改良されたオハネ25型（側面帯が金色）が中心になっている。白沢〜陣場〜津軽湯の沢間の矢立峠は1971（昭和46）年の電化を機に勾配緩和の新線に切り替えられた。
◎奥羽本線　白沢　2010（平成22）年11月21日　撮影：佐藤利生

山の上から俯瞰撮影したDD51重連の20系「日本海」。写真の右上に陣場駅がある。写真上部では新線の建設が進んでいる。
◎奥羽本線　陣場～津軽湯の沢　1969（昭和44）年12月　撮影：山田 亮

DD51 547（秋田機関区）を先頭にDD51重連で矢立峠旧線を走る下り特急「日本海」。機関車次位はナハフ20改造のナハネフ20。矢立峠旧線はカーブの連続で開けた場所がなく、編成全体が撮れる「きれいなカーブ」がないため、このような写真しか撮れなかった。◎奥羽本線　陣場〜津軽湯の沢　1969（昭和44）年12月　撮影：山田 亮

ＤＤ51重連で青森へ向かう20系特急「日本海」。1969（昭和44）年10月から「日本海」秋田～青森間は、20系客車13両編成に対応するためＤＤ51重連となった。◎奥羽本線　八郎潟～鯉川　1971（昭和46）8月　撮影：林 嶢

矢立峠旧線を走るDD51重連牽引の特急「日本海」。機関車次位はナハフ20改造のナハネフ20。国道7号線と平行して矢立峠を越えていた。この鉄橋の奥には日景温泉があり一軒家の温泉旅館「日景ホテル」があった。2014（平成26）年に惜しまれつつ廃業したが、最近復活した。◎奥羽本線　陣場～津軽湯の沢　1970（昭和45）年　撮影：堀川正弘

EF81 46（敦賀運転所）が牽引する下り「日本海３号」青森行。客車はJR東日本（青森）の24系24型で側面の帯は白色である。電源車カニ24の次位は開放型（プルマン式）Ａ寝台車オロネ24である。
◎奥羽本線　川部〜北常盤
1995（平成７）年７月　撮影：山田 亮

「日本海３号」青森行。最後部は24系24型のオハネフ24。
◎奥羽本線　川部〜北常盤　1995（平成７）年７月　撮影：山田 亮

「日本海１号」の最後部（大阪方）に連結されたバイク輸送の「モトとレール」用の荷物車マニ50型。1986（昭和61）年から1998年までの毎夏、「日本海１号、日本海４号」で北海道バイクツーリングのための「モトトレイン」サービスが始まり、函館延長後も行われ、後に「モトとレール」と改称された。◎奥羽本線　川部～北常盤　1995（平成７）年７月　撮影：山田 亮

EF81 107（敦賀運転所）が牽引する下り「日本海1号」函館行。ここは単線区間であるが、手前側に川部からの引上げ線（非電化）が延びている。線路のさび具合から使われていなかった模様。客車はJR西日本（宮原）の24系25型で、側面はステンレスの帯が入っている。　◎奥羽本線　川部〜北常盤　1995（平成7）年7月　撮影：山田 亮

鶴ケ坂を通過するEF81 107（敦賀運転所）が牽引する上り「日本海2号」。24系24型で電源車の次はオロネ24型。このあた
りは杉木立の間を走り、大釈迦峠をトンネルで抜けると津軽平野にでて岩木山が車窓に展開する。青森所属「日本海3号、2号」
は大阪方に電源車が連結されていたが、1990（平成2）年9月から編成が逆になり、電源車の位置が青森方になった。宮原所
属「日本海1号、4号」の電源車位置は大阪方のままだった。
◎奥羽本線　鶴ケ坂　1989（平成元）年8月3日　撮影：太田正行

青森機関区で待機する「日本海」ヘッドマークを付けたDD51重連。先頭はDD51 547（秋田機関区）。
◎青森機関区　1969（昭和44）年12月　撮影：山田 亮

ED75 700番台が牽引する上り特急「日本海1号」。門司鉄道管理局の早岐客貨車区（門ハイ）所属の14系寝台車の広域運用でファンの間で話題になった。関西〜九州間寝台特急のダイヤ混乱が波及することもあった。機関車次位に座席車スハフ14を連結しているが、スハネフ14の代替で回送扱いであった。
◎奥羽本線　津軽新城　1976（昭和51）年5月3日　撮影：太田正行

青森駅1番線で発車を待つトワイライト塗装EF81 103（敦賀運転センター）牽引の上り「日本海」。2008（平成20）年3月改正時から「日本海」は1往復になり、それまでの「日本海」下り1号、上り4号の「スジ」が残った。青森駅構内を横断する青森ベイブリッジが青くライトアップされている。◎奥羽本線　青森　2010（平成22）年11月20日　撮影：佐藤利生

ED79 2（青函運転所）が牽引する津軽海峡線を初通過した下り「日本海1号」が函館市内を行く。交流電気機関車が前方のパンタグラフを上げるのは北海道特有である。◎函館本線　五稜郭～函館　1988（昭和63）年3月13日　撮影：佐藤利生

青函トンネル開通で「日本海」下り1号、上り4号が函館まで延長された。青函トンネル開通（3月12日）の翌日、北海道へ「初上陸」した「日本海1号」。最後部はオハネフ25 17（宮原客車区）。この日は全編成が函館まで運転された。
◎函館本線　五稜郭～函館　1988（昭和63）年3月13日　撮影：佐藤利生

ED79 8（青函運転所）が牽引する下り「日本海１号」。1988（昭和63）年３月の青函トンネル開通で、「日本海１号、４号」が津軽海峡線を経由して函館まで運転された。編成は青森で半分を切り離し、電源車と24系25型Ｂ寝台車５両が函館まで直通したが、個室寝台も食堂車もなくあまり話題にならなかった。◎江差線　釜谷　1989（平成元）年８月３日　撮影：太田正行

「日本海１号」の最後部（大阪方）に連結されたバイク輸送「モットレイン」用の荷物車マニ50型。1986（昭和61）年から1998（平成10）年までの毎夏、「日本海１号、日本海４号」で北海道バイクツーリングのための「モットレイン」サービスが始まり、函館延長後も行われ、後に「モトとレール」と改称された。◎江差線　釜谷　1989（平成元）年８月３日　撮影：太田正行

きたぐに

EF58 144（宮原機関区）牽引の上り「きたぐに」。湖西線開通後も「きたぐに」は米原経由で米原〜大阪間はEF58が牽引した。客車はオユ10、スロ54、12系客車、スハフ42、10系寝台車の順に連結。12系客車と10系寝台車の間にスハフ42が増結されている。◎東海道本線　摂津富田〜茨木　1976（昭和51）年5月　撮影：山田 亮

上り急行「きたぐに」（後追い撮影）。後部からオハネフ12、オハネフ12、オロネ10の順に連結されている。編成の中間、12系客車と10系寝台車の間に旧型客車スハフ42が連結されている。写真右側に橋上駅になった茨木駅が見える。
◎東海道本線　摂津富田〜茨木　1976（昭和51）年5月　撮影：山田 亮

12系客車と10系寝台の編成で大阪駅に到着する上り「きたぐに」。構内時計は8時26分を指している。右側は阪急梅田駅。
◎東海道本線　大阪
1975（昭和50）年7月
撮影：山田 進

583系急行「きたぐに」の向日町運転所への回送。前面表示は急行となっている。大阪～向日町間の回送は北方貨物線を経由すれば編成が逆転するが、この列車は逆転していない。大阪駅は線路配置の関係で折り返し運転ができないため、宮原電車区まで行って折り返したと思われる。◎東海道本線　摂津富田～山崎　1986（昭和61）年8月　撮影：山田 亮

大津に近づく上り「きたぐに」。JR初期の塗装でライトパープルを基調にしたシュプールリゾート色と呼ばれ、1992（平成4）年から2年間で塗り替えられた。後ろから4両目がサロネ581で、窓上の小窓が一列になっている。
◎東海道本線　石山～膳所　1996（平成11）年7月27日　撮影：佐藤利生

京都駅7番線到着の上り「きたぐに」。JR後期塗装である。京都駅は1997（平成9）年に巨大な駅ビルになったが、ホーム屋根の軒飾りや支柱は昔のままで、戦前にC53型蒸気機関車や流線形電車モハ52が発着していた時代のままである。
◎東海道本線　京都　2006（平成18）年7月23日　撮影：佐藤利生

急行「きたぐに」のグリーン車サロ581-103。サロ581型100番台は車内両端にサロンスペースとしてソファがあり、座席は中央部の6列24人分のみである。◎2004（平成16）年1月　撮影：佐藤利生

早朝の鯨波海岸を走るEF81 9（富山第二機関区）牽引の下り「きたぐに」。青森行としては最後の頃で翌1982（昭和57）年11月改正時から大阪〜新潟間となり、14系座席車と寝台車の併結になった。
◎信越本線　青海川〜鯨波　1982（昭和57）年10月30日　撮影：佐藤利生

早朝の鯨波海岸をバックに走る583系
JR後期塗装の下り「きたぐに」。「きた
ぐに」は直江津付近から新幹線乗り継
ぎ客や新潟方面への乗客が乗ってきた。
◎信越本線　青海川〜鯨波
2000（平成12）年8月16日
撮影：佐藤利生

長岡と柏崎の間にある塚山峠を行く583系急行「きたぐに」。1985（昭和60）年3月改正時から「きたぐに」は583系電車になり、
サハネ581改造のA寝台車サロネ581が連結された。前面列車名表示は絵入りではなく単に「急行」となっている。
◎信越本線　塚山〜長鳥　1985（昭和60）年5月　撮影：隅田 衷

小高い山越えで区間である塚山峠を越えるEF81 3（富山第二機関区）牽引の下り急行「きたぐに」。撮影の1981（昭和56）年時点では大阪～青森間で、機関車の次に連結された寝台車5両は新潟で切り離された。1982（昭和57）年11月改正時から大阪～新潟間となり14系座席車と寝台車の特急のような編成になった。
◎信越本線　長鳥～塚山　1981（昭和56）年8月　撮影：隅田 衷

朝日をあびて越後平野を新潟へ向かう下り「きたぐに」。JR後期塗装で廃止までこの塗装だった。グレーを基調にした塗装で1997(平成9)年から塗り替えられJR西日本の183系やキハ181系もこの塗装になった。正面列車名表示は絵入りで「佐渡おけさ」が描かれている。◎信越本線　見附〜帯織　2003(平成15)年5月3日　撮影：佐藤利生

下り「きたぐに」の後追い撮影。1988(昭和63)年3月改正時から下り「きたぐに」は新津〜新潟間が快速列車になり、通勤客が乗ってきた。◎信越本線　見附〜帯織　2003(平成15)年5月3日　撮影：佐藤利生

EF81 32（富山第二機関区）が牽引する下り急行「きたぐに」。10系寝台車と12系客車の併結で最後部は郵便車オユ12型。グリーン車は所定1両だが、この日は増結され2両が連結されている。
◎信越本線　保内　1976（昭和51）年7月26日　撮影：太田正行

EF81 20（富山第二機関区）牽引の下り急行「きたぐに」。機関車次位に10系寝台車5両が連結され新潟で切り離される。
◎信越本線　荻川〜亀田　1977（昭和52）年8月　撮影：山田 亮

下り「きたぐに」の最後部に連結されたオユ10 2573（宮原客車区）。この郵便車は大阪〜旭川間の運用で青函連絡船夜行便
で航送され、道内は函館〜旭川間普通121、122列車に連結。その前のグリーン車はスロ54。新潟で向きが変わり白新線経由
で青森へ向かう。◎信越本線　荻川〜亀田　1977（昭和52）年8月　撮影：山田 亮

急行「きたぐに」に連結されたサロネ581の喫煙室。サハネ581の改造で改造前の座席をそのまま利用した。◎2007（平成19）年4月28日　撮影：佐藤利生

「きたぐに」連結のサロネ581の車内。サハネ581改造で3段寝台を2段寝台とした。◎2007（平成19）年4月28日　撮影：佐藤利生

サハ581をＡ寝台に改造したサロネ581-1。サハネ時代と比べてデッキ寄りの窓がつぶされ、反対側は喫煙室になっている。窓上の小窓が一列となった。
◎新潟　2009（平成21）年６月27日
撮影：佐藤利生

583系「きたぐに」の側面に張られたロゴ。
◎2009（平成21）年６月28日
撮影：佐藤利生

「きたぐに」モハネ581-71の座席。夜行のため座席を勝手に引き出して「下段寝台」にする客もいたが車掌から注意された。
◎新潟　2007（平成19）年４月28日
撮影：佐藤利生

夜の新潟駅で発車を待つ上り「きたぐに」。JR後期色。上り「きたぐに」は新潟から県内各地への夜遅い帰宅客や長岡から直江津方面への上越新幹線乗り継ぎ客の利用もあった。◎信越本線　新潟　2009（平成21）年6月28日　撮影：佐藤利生

「きたぐに」クハネ581-36の特徴あるサイドビュー。JR後期塗装のまま終焉を迎えた。
◎新潟　2009（平成21）年6月28日　撮影：佐藤利生

地上駅時代の夜の新潟で発車を待つ、EF81 20（富山第二機関区）牽引の上り急行「きたぐに」。新潟駅での25分間の停車中に、後部に寝台車を連結する。機関車次位の郵便車オユ10 2500番台は大阪〜旭川間の運用で、青函連絡船で航送された。グリーン車は所定1両だが、この日はスロ54、スロ62の2両連結である。新潟駅は2022（令和4）年6月から全面的に高架化された。
◎信越本線　新潟　1976（昭和51）年7月26日　撮影：太田正行

EF81 68（酒田機関区）が牽引する旧型客車編成の下り急行「きたぐに」。1972（昭和47）年11月の北陸トンネル火災事故を機に食堂車オシ17が外され、新潟以北は座席車と郵便車だけになった。道川で新津発青森行833列車が「きたぐに」を待避する。
◎羽越本線　道川　1973（昭和48）年8月　撮影：山田 亮

鳥海山麓を行くDD51牽引の上り急行
「きたぐに」。新潟以北は寝台車が外さ
れ座席車中心の編成になる。当時は旧
型客車の時代で食堂車（オシ17型）の
連結が長距離急行らしかった。多客期
のため座席車は所定より1両増結され、
機関車次位にチョコレート色オハフ33
が、最後部に郵便車オユ10が連結され、
グリーン車はスロ62である。
◎羽越本線　南鳥海〜本楯
1972（昭和47）年7月23日
撮影：荒川好夫（RGG）

EF81 46（酒田機関区）牽引で秋田駅1番線に到着した下り急行「きたぐに」。新潟から牽引してきたEF81はただちに切り離さ
れ、ED75 700番台に付け替えられ青森まで行く。◎奥羽本線　秋田　1978（昭和53）年3月　撮影：山田 亮

秋田でEF81に代わって「きたぐに」に連結されるED75型700番台。郵便車オユ10 2568（宮原客車区）は「大郵22」運用（大阪～旭川間）で青函連絡船夜行便で航送される。◎奥羽本線　秋田　1978（昭和53）年３月　撮影：山田 亮

秋田でEF81からED75 710（秋田機関区）に付け替えられた下り急行「きたぐに」。秋田駅1番線に停車中。
◎秋田　1978（昭和53）年3月
撮影：山田 亮

「きたぐに」のグリーン車スロフ62 2022（宮原客車区）。「きたぐに」のグリーン車は利用率が高く、増結されることもあったが1978年10月改正で外された。◎奥羽本線　秋田　1978（昭和53）年3月　撮影：山田 亮

DD51 679（秋田機関区）牽引で矢立峠旧線を走る下り急行「きたぐに」。編成は軽量客車ナハ10系が主体で食堂車も連結していた。◎奥羽本線　陣場～津軽湯の沢　1969（昭和44）年12月　撮影：山田 亮

青森駅で発車を待つED75 756（秋田機関区）が牽引する上り急行「きたぐに」。客車は12系客車5両とグリーン車2両（1両増結）、郵便車（オユ12型2500番台）。郵便車は旭川～大阪間の運用で、青函連絡船で航送。「きたぐに」の青森～新潟間は座席車だけだが、70年代後半あたりからは関西～東北北部、北海道間の長距離乗客は減り、短区間の乗客が中心だった。
◎奥羽本線　青森　1976（昭和51）年7月30日　撮影：太田正行

朝の急行「きたぐに」のB寝台車オハネフ12の車内（大阪駅到着前）。◎1975（昭和50）年7月　撮影：山田 進

「きたぐに」に連結されたグリーン車スロ54 2036（宮原客車区）。「きたぐに」は急行「日本海」の時代から大阪鉄道管理局宮原客車区（大ミハ）の担当だった。グリーン車は所定1両であるがこの日はスロ62型が増結され2両だった。
◎奥羽本線　青森　1976（昭和51）年7月30日　撮影：太田正行

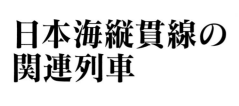

日本海縦貫線の
関連列車

倶利伽羅峠への大カーブを行く金沢発
のキハ58系急行「しらゆき」。普通車
の多くは非冷房である。後部３両は糸
魚川で分割する大糸線経由松本行「白
馬」である。
◎北陸本線　津幡～倶利伽羅
1976（昭和51）年５月　撮影：山田 亮

キハ58系のディーゼル急行「しらゆき」。金沢から青森まで日本海沿岸の都市間連絡列車の使命があったが、青函連絡船夜行
便に接続し、金沢、富山、新潟から青森まで乗り続ける乗客もいた。1972（昭和47）年の日本海縦貫線電化後は「架線下ディー
ゼル」になったが、非電化の大糸線へ直通する「白馬」（金沢～松本）を金沢～糸魚川間で併結した。
◎信越本線　青海川～鯨波　1978（昭和53）年６月１日　撮影：太田正行

青森発金沢行キハ58系急行「しらゆき」。新潟でかなりの乗客が入れ替わった。
◎信越本線　矢代田〜田上　1977（昭和52）年8月　撮影：山田 亮

新線に切り替えられた矢立峠を行く
上りディーゼル急行「しらゆき」「き
たかみ2号」。前5両が「きたかみ2
号」青森発北上線経由仙台行、後ろ
5両が青森発金沢行。
◎奥羽本線　津軽湯の沢
1976 (昭和51) 年5月4日
撮影：太田正行

急行「しらゆき」のサボ (サイドボー
ドの略で側面行き先表示の意味)。
秋田や庄内 (山形県) で見る「金沢
行」ははるか彼方の異国である。
◎羽越本線　鶴岡
1974 (昭和49) 年8月
撮影：山田 亮

羽越本線内の急行「しらゆき」車内。東北地区のキハ58系急行には冷房がなく、夏には扇風機が回っていた。
◎羽越本線内　1973（昭和48）年8月　撮影：山田 亮

151

田園地帯を行くキハ58系上り急行「しらゆき」（青森〜金沢）と「きたかみ2号」（青森〜仙台、北上線経由）。東北地方の特徴
でもあるキハ58系の多層建てディーゼル急行。この付近は一面の田園地帯で八郎潟の干拓地が広がっている。
◎奥羽本線　鯉川〜八郎潟　1975（昭和50）年9月20日　撮影：荒川好夫（RGG）

京都に到着した上り特急「つるぎ」。「つるぎ」は1972（昭和47）年10月改正時に従来の寝台急行を寝台特急に格上げする形で登場した。富山県の立山連峰剱岳にちなんだ名で、大阪〜新潟間列車の名にふさわしいといえなかった。1976（昭和51）年2月に20系客車から二段式B寝台24系25型客車になった。
◎東海道本線　京都　1975（昭和50）年5月12日　撮影：荒川好夫（RGG）

早朝の塚山峠を行くEF81 120（富山第二機関区）が牽引する下り「つるぎ」。二段寝台であったが、1985（昭和60）年3月改正で「きたぐに」が583系電車になってからは、「きたぐに」の寝台に比べて特急の割高感があり、1994（平成6）年12月改正時に廃止された。◎信越本線　塚山〜長鳥　1985（昭和60）年5月　撮影：隅田 衷

24系25型の下り「つるぎ」画面右後方に塚山駅が見える。「つるぎ」は富山県の名峰剱岳（2999m）にちなんだ名であるが、富山は通過扱い（運転停車するが客扱いなし）で、大阪〜新潟間列車の名には不似合いだった。1994（平成6）年12月改正時に廃止された。◎信越本線　長鳥〜塚山　1985（昭和60）年5月　撮影：隅田 衷

新津に到着のEF81 17（富山第二機関区）牽引の特急「つるぎ」。機関車次位はナハフ21改造の貫通型ナハネフ21が連結されている。◎信越本線　新津　1973（昭和48）年8月　撮影：山田 亮

雪中を行く上り「トワイライトエクス
プレス」。写真左側にすれちがったばか
りのコンテナ列車が見える。
◎信越本線　塚山〜長鳥
2012（平成24）年2月　撮影：隅田 衷

朝日をあびて走るEF81 103（敦賀運転
センター）牽引の上り「トワイライトエ
クスプレス」。
◎信越本線　越後岩塚〜塚山
2014（平成26）年5月　撮影：隅田 衷

雪の湖北を行くキハ58系ディーゼル急行「越後」（大阪〜新潟）「ゆのくに2号」（大阪〜七尾線輪島、能登線宇出津）。大阪〜
金沢間が併結列車だった。1975（昭和50）年3月の湖西線開通後も米原経由だった。この先で湖西線と合流する。
◎北陸本線　余呉〜近江塩津　1975（昭和50）年2月17日　撮影：荒川好夫（RGG）

塚山峠を越える国鉄特急色489系の下り「雷鳥」新潟行（後追い撮影）最後部はクハ489型500番台。横川〜軽井沢間（碓氷峠）通過時にEF63と連結するため、連結器が露出している。◎信越本線　長鳥〜塚山　1984（昭和59）年8月　撮影：隅田　衷

【著者プロフィール】

山田 亮（やまだ あきら）

1953年生、慶應義塾大学法学部卒、慶應義塾大学鉄道研究会OB、鉄研三田会会員、

元地方公務員、鉄道研究家で特に鉄道と社会の関わりに関心を持つ。

1981年「日中鉄道友好訪中団」（竹島紀元団長）に参加し、北京および中国東北地区（旧満州）を訪問。

1982年、フランス、スイス、西ドイツ（当時）を「ユーレイルパス」で鉄道旅行。車窓から見た東西ドイツの国境に強い衝撃をうける。

2001年、三岐鉄道（三重県）70周年記念コンクール「ルポ（訪問記）部門」で最優秀賞を受賞。

現在、日本国内および海外の鉄道乗り歩きを行う一方で、「鉄道ピクトリアル」などの鉄道情報誌に鉄道史や列車運転史の研究成果を発表している。

（主な著書）

「上野発の夜行列車・名列車、駅と列車のものがたり」（2015、JTBパブリッシング）

「南武線、鶴見線、青梅線、五日市線、1950〜1980年代の記録」（2017、アルファベーターブックス）

「常磐線、街と鉄道、名列車の歴史探訪」（2017、フォトパブリッシング）

「中央西線、1960年代〜90年代の思い出アルバム」（2019、アルファベーターブックス）

「横浜線」「内房線」「外房線」「総武本線、成田線、鹿島線」街と鉄道の歴史探訪

（2019〜2020、フォトパブリッシング）

「昭和平成を駆け抜けた長距離鈍行列車」「昭和平成を駆け抜けた想い出の客車急行」

（2020〜2021、フォトパブリッシング）

「国鉄・JRの廃線アルバム 中国・四国編」「国鉄・JRの廃線アルバム 東北編」

（2021、アルファベータブックス）

【写真撮影】

荒川好夫（RGG）、太田正行、佐藤利生、隅田衷、辻阪昭浩、林嶢、堀川正弘、山田亮、山田進、朝日新聞社

国鉄優等列車列伝 第5巻
「白鳥」「日本海」「きたぐに」
関西〜青森間を駆け抜けた優等列車の記録

2022年7月5日　第1刷発行

著　者……………………山田 亮

発行人……………………高山和彦

発行所……………………株式会社フォト・パブリッシング

　　　　　　　　　〒161-0032　東京都新宿区中落合2-12-26

　　　　　　　　　TEL.03-6914-0121　FAX.03-5988-8958

発売元……………………株式会社メディアパル（共同出版者・流通責任者）

　　　　　　　　　〒162-8710　東京都新宿区東五軒町6-24

　　　　　　　　　TEL.03-5261-1171　FAX.03-3235-4645

デザイン・DTP………柏倉栄治（装丁・本文とも）

印刷所……………………新星社西川印刷株式会社

ISBN978-4-8021-3336-4 C0026

本書の内容についてのお問い合わせは、上記の発行元（フォト・パブリッシング）編集部宛ての
Eメール（henshuubu@photo-pub.co.jp）または郵送・ファックスによる書面にてお願いいたします。